ClimatePartner.com/53585-1805-1001

Selbstverpflichtung zum nachhaltigen Publizieren
Nicht nur publizistisch, sondern auch als Unternehmen setzt sich der oekom
verlag konsequent für Nachhaltigkeit ein. Bei Ausstattung und Produktion der
Publikationen orientieren wir uns an höchsten ökologischen Kriterien. Dieses
Buch wurde auf 100 % Recyclingpapier, zertifiziert mit dem FSC-Siegel und
dem Blauen Engel (RAL-UZ 14), gedruckt. Auch für den Karton des Umschlags
wurde ein Papier aus 100 % Recyclingmaterial, das FSC ausgezeichnet ist,
gewählt. Alle durch diese Publikation verursachten CO_2-Emissionen werden
durch Investitionen in ein Gold-Standard-Projekt kompensiert. Die Mehr-
kosten hierfür trägt der Verlag.

Mehr Informationen finden Sie hinten im Buch und unter:
http://www.oekom.de/allgemeine-verlagsinformationen/nachhaltiger-verlag.html

Bibliografische Information der Deutschen Nationalbibliothek:
Die Deutsche Nationalbibliothek verzeichnet diese Publikation
in der Deutschen Nationalbibliografie; detaillierte bibliografische
Daten sind im Internet über http://dnb.d-nb.de abrufbar.

© 2018 oekom, München
oekom verlag, Gesellschaft für ökologische Kommunikation mbH
Waltherstraße 29, 80337 München

Umschlaggestaltung: www.buero-jorge-schmidt.de
Satz und Layout: Tobias Wantzen, Bremen
Korrektorat: Maike Specht
Lektorat: Konstantin Götschel, oekom verlag
Druck: Pustet, Regensburg

Alle Rechte vorbehalten
Printed in Germany
ISBN 978-3-96238-053-3

SUSANNE GÖTZE

Land unter im Paradies

Reportagen
aus dem Menschenzeitalter

Inhalt

Vorwort
Über das Reisen im Anthropozän

Auf einer meiner Reisen stand ich an der Wiege der menschlichen Zivilisation, nahe der historischen Festung Masada am Toten Meer, und ließ mir von einem Meteorologen den Zusammenhang von Klimawandel und Verdunstung erklären. Vor uns erstreckte sich die zerklüftete Mondlandschaft: erhaben und majestätisch. Darin schimmerte wie eine Pfütze die Reste des einst riesigen Salzsees. Jahrtausende zogen scheinbar spurlos an dem Landstrich vorbei, dessen versteinertes Antlitz keine Regung zeigte. Ein stummer Ort als Zeuge aufkeimender menschlicher Kultur und Ausgangspunkt von Fortschritt, Zähmung und Zerstörung: Der Fund von antiken Schriftrollen in den Qumran-Höhlen ist ein Beweis dafür, dass hier schon vor mehr als 2000 Jahren Menschen siedelten.

In dieser versteinerten Kulisse beschlich mich ein beunruhigender Gedanke: Von jedem Menschen, dem ich ungefragt etwas abtrotze, etwas abverlange, bekomme ich eine unmittelbare Reaktion: Er weint, schreit, stöhnt, wehrt sich. Mit der Natur ist das anders. Sie macht keinen Mucks. Das ist vielleicht das Irreale an dem, was wir den »Klimawandel« nennen. Der Mensch gräbt, schürft, erfindet, baut und produziert.

Statt mit Klagegeschrei reagiert die Natur auf ihre Art. Denn nichts bleibt ohne Folgen, nichts bleibt ungestraft.

Was für uns ein Eingriff in die Natur, menschlicher Einfluss oder ein »Fußabdruck« ist, scheint fast folgenlos; doch sie kehren als Bumerang zurück, Jahre, Jahrzehnte, manchmal erst Generationen später. Davon erzählt diese geräuschlose, asketische Mondlandschaft am Toten Meer, an dessen Ufern die geistlichen Gemeinschaften einst die ersten Grundsteine für unseren heutigen Fortschritt legten. Die stummen gelben Felsen des Judäischen Gebirges, an deren Fuße sich damals zahlreiche Oasen reihten, kommen eigenartig erhaben daher, als könnte nichts sie aus dem Gleichgewicht bringen. Doch dieser Eindruck täuscht. Das Ökosystem der Region kollabiert gerade – dank menschengemachten Staudämmen und dem Klimawandel. Die Reaktion der Natur zeigen die riesigen Einsturzlöcher entlang der Küste und das Austrocknen der letzten Oasen – die in einer atemberaubenden Geschwindigkeit trockenfallen. Forscher versuchen diese scheinbar launenhaften Reaktionen von Mutter Natur zu verstehen. Sie können nur noch dem Prozess der Zerstörung beiwohnen, der schrittweisen Auslöschung einer Landschaft.

Vielleicht inspirierte das Tote Meer auch den israelischen Historiker und Schriftsteller Yuval Noah Harari, der in seinem Bestseller »Sapiens: A Brief History of Humankind« (Eine kurze Geschichte der Menschheit) schreibt: »Wir sind Selfmade-Götter, die nur noch den Gesetzen der Physik gehorchen und niemandem Rechenschaft schuldig sind. Und so richten wir unter unseren Mitlebewesen und unserer Umwelt Chaos und Vernichtung an, interessieren uns nur für unsere eigene Annehmlichkeit und Unterhaltung und finden doch nie Zufriedenheit.«* Harari geht hart ins Gericht mit den Sapiens. Er lässt kein gutes Haar an dem Menschen und seiner Entwicklung. Wie auch immer man seine radikalen Äußerungen bewertet: Wir stehen heute vor ökologischen Herausforderungen historischen Ausmaßes. Erstmals in der Menschheitsgeschichte haben wir es nicht mehr nur mit einem lokalen ökologischen Problem zu tun, sondern mit einem globalen, das die lokalen Probleme – wie am Toten Meer – verstärkt. Der Klimawandel findet nicht dort statt, wo er verursacht wurde. Er wirkt überall und überall mit anderen Folgen, verstärkt regionale Krisen – ein oft explosiver Cocktail für Ökosystem und Mensch. Dafür gibt es mittlerweile ein Bewusstsein bei Entscheidungsträgern, auch in der Wirtschaft. Im Privaten aber will kaum jemand Verzicht üben – das meinte Harari, als er auf die »eigene Annehmlichkeit« hinwies, die kaum zu einer wirklichen Zufriedenheit führe.

Das erste Mal darüber gewundert habe ich mich in den 1990er-Jahren. Nach dem Mauerfall legten sich meine Eltern ein Auto zu, und überhaupt gab es unglaublich viel zu kaufen. Wir schleppten jeden Donnerstag mehrere Plastiktüten mit bunten Produkten nach Hause; für uns Kinder war das ungewöhnlich, waren wir doch bisher mit nur der Hälfte der Einkäufe ebenso gut über die Runden gekommen. Jeder Einkauf war ein Ausprobieren, die Hoffnung auf Genuss, Besonderheit, Exotik. Mein Bruder und ich hüpften aufgeregt um

* Yuval Noah Hariri, Eine kurze Geschichte der Menschheit, DVA München 2013, S. 507 f.

unsere tütentragenden Eltern herum, gespannt auf die neuesten Schinkensorten und Gummibärchenmarken. Die Verpackungen beschäftigten uns eine Weile, und auch meine Eltern ließen sich hinreißen von den Versprechungen der Werbeindustrie. Schon bald jedoch verloren die bunten Etiketten ihren Reiz, das Einkaufen wurde zum Stress, meine Eltern fingen an zu schimpfen auf die schlechte Qualität, und wir waren irgendwie alle enttäuscht. Aus dieser Enttäuschung wuchsen langsam, aber stetig eine Menge Fragen in meinem Kinderkopf: Warum werden wir überschüttet mit all diesen bunten Produkten? Wieso will man uns ständig zum Kaufen überreden? Kann es sein, dass dieser ganze Überfluss ganz ohne Folgen bleibt? Zurück blieb das mulmige Gefühl, dass hier etwas nicht stimmte.

Zehn Jahre später sprach die globalisierungskritische Bewegung aus, was viele kritische Geister schon in den 1990er-Jahren dachten; die Konsum- und Handelskritik wurde Teil von Leitartikeln, und Tausende Menschen weltweit protestierten gegen die Welthandelsorganisation WTO und die Politik des Internationalen Währungsfonds IWF und der Weltbank. Dabei spielten ökologische Fragen durchaus eine Rolle; so tagten bereits seit 1995 UN-Klimakonferenzen. Aber der Klimawandel war nur ein Problem unter vielen. Auch ich war ganz auf die sozialen Verwerfungen fokussiert und reiste als Journalistin von einem Weltsozialforum zum nächsten, um mit Gewerkschaftlern aus Lateinamerika, griechischen Anarchisten oder französischen Soziologen zu sprechen.

Heute hat sich die globalisierungskritische Bewegung zerstreut, ihr größter Ableger ist die Klimabewegung geworden –

und das nicht ohne Grund. Denn all jene Kassandrarufe der Globalisierungskritiker, Konsumaktivisten und Kapitalismusgegner hallen heute in einem globalen Raum wider. Die Klimakrise kennt keine Grenzen, und ihre Ausmaße erschrecken selbst Wissenschaftler und Politiker. Ein außer Kontrolle geratenes Klimasystem kann niemand bändigen, und seine Folgen lassen sich nicht durch ein paar politische Korrekturen oder Reförmchen unter Kontrolle bringen. Die Menschheit, das nimmt auch die politische Elite der Welt nun zur Kenntnis, wird für ihre verschwenderische Lebens- und Produktionsweise bezahlen müssen, wenn nicht schnell umgesteuert wird. Sätze wie dieser sind – anders als in den 1990er-Jahren – kein Ausdruck von Aktivismus mehr; mittlerweile würden nicht einmal mehr konservative Politiker diesem Satz widersprechen. Zu offensichtlich ist geworden, dass es sich hier um mehr als »nur« ein Ökoproblem handelt. Der Klimawandel stellt den gesamten westlichen Lebensstil infrage.

Sicher, noch lesen die meisten Deutschen und Europäer vom Klimawandel und von seinen Folgen nur in der Zeitung. Auch die Idee einer Transformation ist für viele noch zu abstrakt. Sie leben nach wie vor im Glauben, dass unser Lebensmodell im Grunde innovativ und fortschrittlich sei – und vielleicht ist es das auch. Und wenn es dennoch ein Problembewusstsein gibt, trösten sich viele damit, dass auch das Waldsterben irgendwann aufgehört hat und sich die meisten Katastrophenszenarien ohnehin erst in der zweiten Hälfte des Jahrhunderts abspielen. Doch das ist ein Irrtum. Auf meinen Reisen der vergangenen zwei Jahre konnte ich viele Menschen aus verschiedenen Ländern der Welt treffen, für die der

Klimawandel bereits trauriger Alltag ist. Sie leben mit der Erfahrung, verwundbar zu sein. Sie leiden, sie haben Angst, sie sind entsetzt, sie treffen Vorsichtsmaßnahmen, sie versuchen sich und ihre Familien zu schützen. Doch der Mensch wäre nicht der Mensch, wenn er nicht versuchen würde, es auch mit dieser Herausforderung aufzunehmen. Wissenschaftler und Ingenieure sind jeden Tag damit beschäftigt, sich auf die vielleicht größte Veränderung der Menschheitsgeschichte vorzubereiten. Sie planen heute die Welt von morgen – auch wenn sie teilweise selbst wie erstaunte Kinder vor der globalen Dynamik eines außer Kontrolle geratenen Klimasystems stehen. Von diesem Schrecken, aber auch vom Staunen, vom Hoffen und vom Alltag im Menschenzeitalter, dessen zerstörerische Logik an seine Grenzen stößt, erzählen die Reiseberichte aus drei Erdteilen.

KAPITEL 1

Afrika: Reisen auf dem vergessenen Kontinent

In vielen afrikanischen Ländern ist es nicht ungewöhnlich, wenn sich der Punkt auf dem Navigationsgerät durch eine weiße Fläche bewegt. Abseits der großen Hauptstraßen sind nur wenige Wege vermessen oder gar von einem Google-Auto befahren worden. Dörfer und Siedlungen sind nur mithilfe Ortskundiger zu finden – und selbst sie verirren sich nicht selten. Beton- und Sandstraßen sind oft eine endlose Kette von Schlaglöchern. Wie mein Fahrer in Uganda treffend formulierte: Autofahren ist dort wie Tetris spielen. Es geht darum, das Fahrzeug geschickt zwischen den Löchern hindurchzumanövrieren, ohne alle paar Kilometer die Reifen auswechseln zu müssen. Und nach über 1.000 Kilometern gemeinsamer Fahrt kann ich sagen: Er war ein grandioser Tetris-Spieler! Im west-afrikanischen Benin hatte ich weniger Glück: Auf einer Strecke von 600 Kilometern von der Küste gen Norden musste unser Team dreimal die Reifen tauschen und in abgelegenen Dörfern die zerborstenen Stellen mit Maismehl stopfen.

Jene Dörfer, die ich in Benin, Uganda und Marokko besuchte, lagen fernab der Zivilisation. Erreichen konnte ich sie nur durch mehrstündige, manchmal tagelange Anreisen, und immer blieb ich die einzige Weiße. Selten verschlägt es Abenteurer an solche Orte, noch seltener Touristen. Strom oder fließendes Wasser gibt es nicht. Die Dorfbewohner leben in kleinen aufgeräumten Hütten, magere Ziegen und Hühner sind ihr einziger Besitz.

Ist die sengende Sonne hinter den Baumwipfeln verschwunden, geht das Leben in afrikanischen Siedlungen erst so richtig los: Links und rechts der Wege laufen Hunderte Dorfbewohner. Sie tragen schwere Krüge oder schieben verrostete Fahrräder mit in Lappen gewickelten Paketen. Während ich meine Hand nicht mehr vor Augen sehe, legen sie barfuß kilometerweite Wege zurück – ohne Taschenlampen, Handys oder Kerzen. In den Hütten brennen vereinzelt Öllämpchen und alle paar Kilometer auch mal eine Glühbirne, die durch eine Solarzelle betrieben wird.

Diese Menschen wissen nichts vom Klimawandel. Sie haben noch nie ein Flugzeug bestiegen, die meisten nicht einmal ein Auto. Sie kochen mit Holz, und ihre Kinder gehen selten zur Schule. Aber sie waren die Ersten, die bemerkt haben, dass etwas nicht stimmt. »Der Regen kommt nicht mehr« oder »der Regen kommt nicht mehr regelmäßig« oder »ein starker Regen hat wieder unsere Ernte zerstört« – solche Sätze hört man in allen Dörfern. Für westliche Städter wie mich dient die Beobachtung des Wetters dazu zu entscheiden, ob man einen Pulli oder eine Jacke tragen soll und ob man lieber einen Regenschirm mitnimmt. Für diese Menschen ist die Vorhersehbarkeit des Wetters eine Frage von Leben und Tod, von Sattsein oder Hunger, von Gesundheit oder Krankheit. Dass sich das Wetter verändert, weil die Menschen im Norden seit 200 Jahren Treibhausgase in die Atmosphäre pusten, liegt für diese Dorfbewohner jenseits ihrer Vorstellungskraft. Wenn sie von Europa oder Deutschland wissen, dann haben sie nur eine vage Vorstellung davon, wie wir zu dem Wohlstand gelangt sind, den wir heute genießen – dem Wohlstand von Licht im Dunklen, einem Elektroherd oder einem eigenen Auto. Gleichzeitig wissen wir in Deutschland genauso wenig vom Alltag einer ugandischen Dorffamilie. Weder weiß ich, wie man anständig Feuer macht, noch, wie man ein Huhn schlachtet oder Mais anbaut. Überhaupt weiß ich reichlich wenig von diesen Menschen, ihren Sprachen, ihren Kulturen. Von den Interviews, die ich dort geführt habe, habe ich viel gelernt: herkömmliche Fragetechniken zu überdenken und zu lernen zuzuhören, auch wenn der Interviewte scheinbar vom Thema abkommt. Die meisten Menschen, die ich befragen konnte, hatten noch nie einen Journalisten gesehen und wussten auch nicht, was für einer Art Arbeit er nachgeht.

Am Viktoriasee in Uganda habe ich das größte Interview meines Berufslebens geführt. Dort versammelte sich die Dorfgemeinschaft unter einem großen, knorrigen Baum. Auf Plastikstühlen und Baumstümpfen bildeten die rund 50 Abgeordneten des Dorfes einen Kreis. Auf meine Fragen hin traten sie jeweils einer nach dem anderen in den Kreis und antworteten. Das Interview dauerte über zwei Stunden, und es war eines der spannendsten Gespräche, die ich je geführt habe. Später fragten mich die Menschen, was mit ihren Antworten passieren würde und ob ich Hilfe holen könne. Ich versuchte ihnen zu erklären, dass meine Texte in Deutschland gelesen würden. Dass Hilfe käme, konnte ich ihnen nicht versprechen. Tatsächlich bewirkte jedoch ein Beitrag auf *Spiegel Online* später, dass das fragwürdige Klimaschutzprojekt, unter dem die Menschen litten, überprüft wurde. Ein Mitarbeiter musste aufgrund meiner Recherchen seinen Posten räumen, da die Gold-Standard-Stiftung um ihren Ruf fürchtete. Und nicht nur das: Ein Bauer bekam, drei Jahre nachdem sein Haus von Sicherheitsleuten des Klimaschutzprojektes abgebrannt worden war, endlich seine Entschädigung. Doch auch das ist letztendlich nur Kosmetik. Denn das eigentliche Geschäft mit dem Klimaschutz, unter denen die Kleinbauern dort leiden, geht weiter, weil der gesamte Markt von privaten Gutachtern, Firmen oder auch NGOs kontrolliert wird. Trotz der Beteuerungen und angeblich meterdicken Berichten über die »Sozial-und Umweltverträglichkeit« sogenannter CO_2-Projekte zeigt ein einfacher Besuch vor Ort ein ganz anderes Bild. Ernst genommen haben mich diese NGOs und Unternehmen nur, weil ich in persona angereist bin und Interviews geführt habe, was eigentlich die Aufgabe der Gutachter wäre. Doch es bleibt bei der einfachen Wahrheit: Menschen, die nichts haben, haben auch keine Stimme. Niemand hört auf sie, niemand interessiert sich für irgendwelche Bauern, die nicht einmal eine Mailadresse haben. In einem Gespräch mit der Firma Green Resource, die mich nach einigem Hin und Her dann doch in ihrem Büro empfing, raunte mir einer der Mitarbeiter nach einer Stunde Diskussion mit einem Augenzwinkern zu: »Diese Menschen wollen doch gar nicht arbeiten, sie sind faul und lungern nur rum. Sie wollen sich doch nicht ernsthaft für diese Leute starkmachen?« Dieser ältere Herr war selbst Ugander und in diesem Land aufgewachsen. Aber er stammt aus einer guten Familie, konnte studieren und bekam einen Posten bei dem norwegischen Unternehmen. Für ihn sind seine Landsleute, die am Viktoriasee in slumähnlichen Blechhütten wohnen, nichts als Abschaum.

Uganda
Der Baum, mein Feind

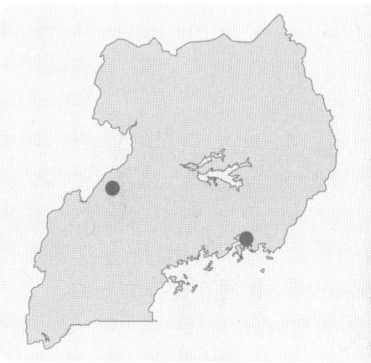

Als Chairman Jam Atube William
vor 20 Jahren aus seinem Dorf vertrieben wurde, glaubte er noch an
die Versprechen seiner Regierung.
Der hagere Gemeindevorsteher von
Bukaleba lebt seither am Ufer des Viktoriasees im Südosten
Ugandas. Über 500 Menschen wohnen hier in Holzbaracken
und kleinen Lehmhütten. Die Regierung versprach, dass sie
bleiben könnten. Doch das Versprechen hielt sie nicht. Dort,
wo sie einst ihr Gemüse pflanzten und ihre Tiere grasen ließen,
steht heute ein Kiefernwald. Die nackten Stämme der nordi-
schen Baumart stehen in Reih und Glied, an den Rändern der
Plantage haben die Besitzer bereits neue Setzlinge eingegra-
ben – und das bis vor die Türen und Fenster der Dorfbewohner. Die Bäume haben das Dorf an die Ufer des Sees gedrängt.
Bukaleba sitzt in der Falle. Und mit ihm noch drei weitere
Dörfer – insgesamt sind fast 1.500 Menschen zwischen den
Kiefern und dem See »eingeklemmt«.

Die Kiefernwipfel erstrecken sich, so weit das Auge reicht,
zwischen den Stämmen schlängeln sich die roten Sandwege

Chairman William in einer Kiefernplantage, wo seine Leute einst ihre Häuser bauten und ihr Vieh weiden ließen.

für die Jeeps der »Förster«. Wäre das Rot des Bodens nicht, man könnte sich in Bukaleba wie in Brandenburg fühlen – nur bei 40 Grad im Schatten. Eine fast surreale Stille herrscht in dem künstlichen Kiefernwald, ganz so, als wäre kein Leben in ihm.

Wo ein Baum steht, kann kein Haus gebaut, keine Maisfelder oder Viehweiden angelegt werden. Irgendwann werden die Kiefern die Ufer des Sees säumen. Wenn das Holz geerntet ist, soll wieder aufgeforstet werden. Wo die Menschen von Bukaleba dann wohnen sollen, weiß niemand. Dieser Kiefernwald ist ein zertifiziertes Klimaschutzprojekt des norwegischen Holzmultis Green Resource.

»Die Menschen hier brauchen das Land zum Überleben, es sind arme Leute: Fischer, Kleinbauern, die Hühner haben oder eine Kuh und etwas Gemüse anbauen«, sagt Dorfvorsteher William. »Wir warten immer noch auf das Land, das uns die Regierung nach der Vertreibung versprach – vergebens.« Früher durften sie noch Teile der Plantage nutzen, nun ist auch das verboten.

Schon bevor Green Resources in Bukaleba auftauchte, erklärte die Regierung Ende der 1980er große Teile der Gegend am Viktoriasee zum Waldschutzgebiet und begann die Bauern und die Familie von William aus den Wäldern und Buschlandschaften zu vertreiben. Seit Green Resources das Land für seine Holzplantage gepachtet hat, rücken die Kiefern immer näher an die provisorischen Hütten der Kleinbauern und Fischer heran. Die wehren sich, indem sie die Setzlinge ausreißen. Das Forstministerium ahndet das mit hohen Strafen. Es scheint ein aussichtloser Kampf für die Fischer und Bauern.

Das Holzunternehmen sitzt als ausländischer Investor am längeren Hebel. Die Plantage ist ein rentables Geschäft: Green Resource macht Kasse mit dem Verkauf von CO_2-Zertifikaten an Verursacher klimaschädlicher Gase, deren Wirkung durch Baumpflanzungen ausgeglichen werden soll. Aus den Bäumen wiederum werden Holzbohlen, die sich zu Geld machen lassen – so profitiert das Unternehmen doppelt. Möglich ist das durch die weltweit wachsenden *Carbon Markets*, auf denen Gutschriften für den CO_2-Ausstoß angeboten werden. Gekauft werden sie von Staaten, aber auch von privaten Unternehmen, die so ihre Klimaziele umsetzen können. Die Menschen aus dem Dorf Bukaleba aber haben vom neuen »Wald« nichts. Sie leben in Angst und Armut.

»Grünes Landgrabbing«, die Privatisierung von Land für den Klimaschutz, hat in armen Ländern wie Uganda System. Green Resources ist kein Einzelfall. Kommerzielle Holzplantagen sind in den letzten Jahrzehnten wie Pilze aus dem Boden geschossen. Europäische Investoren witterten ein lukratives Geschäft. Auch deutsche Unternehmen machen mit – und alle beteuern, nur Gutes im Sinn zu haben.

Nicht anders als dem Chairman von Bukaleba geht es den Viehhirten in der Kikonda-Gemeinde rund 300 Kilometer nordwestlich des Viktoriasees. Auch sie werden von einer Holzfirma bedrängt. Doch dort fängt die Vertreibung gerade erst an. Auch die Plantage von Manfred Vohrer – dem ehemaligen entwicklungspolitischen Sprecher der FDP-Fraktion im Bundestag – wächst. Der Lebensraum der Landwirte schrumpft. Wertvolles Buschland wird abgeholzt, um Platz zu schaffen für weitere Hunderte Hektar der Kiefernmonokultur.

In Kikonda haben die Viehhirten nach eigenen Aussagen sogar Landrechte erworben, lange bevor Vohrer mit seinem Unternehmen Global Woods nach Uganda kam. Trotzdem werden sie nun systematisch enteignet und vertrieben. »Unsere Tiere dürfen nicht im Wald grasen, und wenn sie aus Versehen hineinlaufen, dann werden sie vom Sicherheitspersonal in alle Richtungen verscheucht«, erzählt Geoffrey, ein schmaler Kuhhirte, am Rande der Plantage. Er hat mehrere Hektar Land an das Unternehmen verloren und fürchtet nun um die Versorgung seiner Familie.

Seinem Nachbarn Lawrence erging es noch schlechter: Als die Forstfahrzeuge immer näher rückten, entschied er sich, einfach zu bleiben. Daraufhin brannte man ihm sein Haus nieder. Ein Schock, der drei Jahre später noch tief sitzt. Seine Frau erzählt mit Tränen in den Augen, wie ein Mitarbeiter von Global Woods ihre Kinder verprügelte. An eine Entschädigung glaubt das Ehepaar nicht mehr. Angeblich wurde der Familie nach Veröffentlichung des Artikels auf *Spiegel Online* eine Entschädigung gezahlt.

Vohrers Firma bedauert den Vorfall, sieht sich aber grundsätzlich im Recht. Die Regierung habe ihr das Land zugewiesen, also werde man dort weiterpflanzen. Der Unternehmer und die Manager bei Green Resources sehen sich als Wohl-

Kühe vor der Plantage von Kikonda: Die Bauern werden von der Security vertrieben.

täter für das Klima, die Armen und die Entwicklung Ugandas. Tatsächlich haben sie vor über zehn Jahren die Zeichen der Zeit erkannt. Seit der Emissionshandel 2005 begann, kann man CO_2-Rechte weltweit kaufen und verkaufen. Mit Klimaschutz lässt sich seitdem gutes Geld verdienen. Jeder Bürger, der fliegt, tankt oder heizt, kann heute mit ein paar Klicks im Netz seinen ökologischen Fußabdruck verwischen. Unternehmen können ihre Emissionen freiwillig kompensieren oder als CO_2-neutral gelabelte Produkte verkaufen. Das ist an sich keine schlechte Idee. Auch Bäume zu pflanzen ist grundsätzlich sinnvoll, denn so wird Bodenerosion vorgebeugt, ein feuchteres Mikroklima geschaffen, das Verwüstung verhindert, und CO_2 gebunden, das sonst in die Atmosphäre entweichen würde.

Problematisch wird es aber, wenn die sogenannten Carbon-Produkte nicht das halten, was sie versprechen. So werden die kommerziellen Holzplantagen der Unternehmen Green Resources und Global Woods in Europa als »Waldprojekte« verkauft. Fotos mit lächelnden schwarzen Waldarbeitern preisen den sozialen Nutzen, und Werbetexte feiern die Entwicklung der Biodiversität im neuen »Wald«.

Doch oft sind nicht nur die sozialen Folgen der Holzplantagen problematisch, sondern auch die ökologische Wirkung. »Erheblich bis total« unterscheide sich die Biodiversität auf einer Plantage von einem richtigen Wald, sagt der Forstexperte Pierre Ibisch von der Hochschule für nachhaltige Entwicklung Eberswalde. Viele angepflanzte Baumarten wie Kiefern oder Eukalyptus führten zu nachhaltigen Bodenveränderungen. »Dadurch kann das Wachstum anderer Pflanzenarten und Mikroorganismen unterdrückt werden, häufig ist eine Versauerung von Böden zu beobachten.«

So erklärt sich auch die merkwürdige Stille in den Plantagen Ugandas. Zwischen den Baumreihen kann man weit in den Wald hineinblicken. Ein Dickicht, wo sich größere Tiere verstecken könnten, gibt es kaum. Lokale Umweltschützer beklagen den Einsatz von Herbiziden wie Glyphosat, die ein makelloses Wachstum der jungen Bäume garantieren sollen. In Nakalanga wie in Kikonda haben die Anwohner Angst, ihr Grundwasser könnte belastet sein, manche berichten von Fehlgeburten ihrer Kühe und blinden Hasen, die im Wald lebten.

Doch alle Projekte sind mit den üblichen Standards gelabelt. Global Woods trägt das renommierte Gold-Standard-Siegel, das von einer 2003 von der Umweltorganisation WWF gegründeten Stiftung vergeben wird. Die Projekte werden von externen Prüfern begutachtet, etwa vom TÜV Süd. Auf die Probleme der Plantagen angesprochen, erklärt etwa die Gold-Standard-Stiftung, man habe vor Kurzem erfahren, dass es beim Projekt Manfred Vohrers in Kikonda einige »Zwischenfälle« gegeben habe, und werde das prüfen. Die Projekte hätten einen sozialen Anspruch, ein Teil der Profite müsse der lokalen Bevölkerung zugutekommen. Kaum ein Dorfbewohner sei jedoch auf der Plantage angestellt, heißt es bei der Gemeinde. Stattdessen kommen die Arbeiter aus weit entfernten Regionen des Landes. Für die Bewohner habe es ein paar Gemüsesamen und Schulungen zum richtigen Anpflanzen von Bäumen gegeben, berichten sie.

Einige Monate nach der Veröffentlichung von Beiträgen in mehreren Tageszeitungen prüfte Gold Standard das Projekt von Manfred Vohrer und entließ sogar einen Mitarbeiter. Allerdings kann nicht jedes »Waldprojekt« Afrikas von einem Journalisten besucht werden, der die Zustände unter die Lupe nimmt. Tatsächlich bekommt man den Eindruck, dass bei vielen Projekten darauf spekuliert wird, dass einfach niemand genauer hinsieht. Wer nimmt schon eine Tagesreise auf sich, um von Kampala bis nach Kikonda zu fahren, um dort nach dem Rechten zu schauen?

Die Projekte in Uganda unterscheiden sich kaum vom neuen Waldschutzprogramm REDD+, das mit dem 2015 in Paris ausgehandelten UN-Weltklimavertrag in Kraft trat. Das englische Akronym REDD steht für »Verringerung von Emissionen aus Entwaldung und Degradierung von Wäldern«. Mit dem Programm werden sogenannte Waldprojekte in Entwicklungsländern und damit soziale Konflikte wie in Uganda schlagartig zunehmen, befürchten Kritiker. Die UN wollen die globale Entwaldung stoppen, die das angestrebte Zwei-Grad-Ziel gefährdet – jedes Jahr werden rund 13 Millionen Hektar Wald vernichtet. Umweltschützer und Vertreter indigener Gemeinden warnen jedoch, dafür gerade auf die Privatisierung von Wald zu setzen.

Für die Aktivistin Jutta Kill sind soziale Konflikte wie in Nakalanga und Kikonda Alltag. Sie hat Waldprojekte auf der ganzen Welt besucht. Ihr Fazit: »Bei den meisten Projekten werden nicht die Verursacher großflächiger Waldzerstörung an den Pranger gestellt, sondern immer die Nutzung des Waldes durch die lokale Bevölkerung.« So verfestigte sich die Wahrnehmung, dass die Kleinbauern an der Entwaldung schuld seien.

Die Menschen in den Dörfern Ugandas verstehen tatsächlich nichts von Klimaschutz. Sie haben weder Autos, noch sind sie je mit einem Flugzeug geflogen. Sie verlieren ihr Land, weil Unternehmen in Europa CO_2 in die Luft blasen. Für sie ist der Kiefernwald vor ihrer Haustür nichts als das Werk »eines reichen weißen Mannes«, der noch mehr Geld machen möchte. Daran wird sich nichts ändern, solange Kunden in Europa nur zu gern dem Lächeln von Waldarbeitern in bunten Prospekten glauben.

UGANDA IN DATEN

CO_2-Ausstoß pro Kopf:
0,11 Tonnen (2010)

Weltklimaabkommen:
Ratifiziert am 21. September 2016

Klimaziel 2030:
Reduktion der Treibhausgasemissionen um 22 Prozent gegenüber Business-as-usual-Szenarien bis 2030

Anteil von erneuerbaren Energien im Energiemix:
90 Prozent – der größte Teil davon Biomasse (u. a. Feuerholz) sowie Wasserkraft (2012)

Abhängigkeit von fossiler Energieerzeugung:
19 Prozent der Stromerzeugung im Jahr 2012 stammte aus fossilen Quellen. Hinzu kommt v. a. Benzin für Kraftstoffe (2012).

Bevölkerungswachstum:
Anstieg von 40,3 Millionen im Jahr 2016 auf 105,7 Millionen im Jahr 2050

Elektrifizierungsrate:
Im Jahr 2012 hatten nur 18 Prozent der Bevölkerung einen Zugang zu Strom.

Pkw pro Einwohner (2015):
Rund 4 Autos pro 1.000 Einwohner

Benin

Wie Orou Yerima vom Klimawandel erfuhr

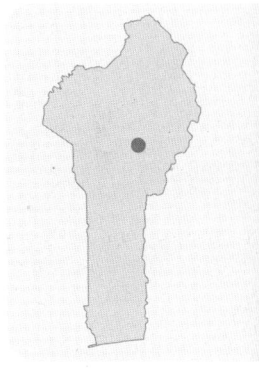

Orou Yerima steht in den Ackerfurchen seines Feldes und freut sich wie ein kleiner Junge. Die Mittagshitze hat sich auf die verdorrte Landschaft im Norden Benins gelegt, Pflanzen und Bäume sind sandfarben, und als flirrende Silhouetten trotten Herden abgemagerter Rinder über die staubigen Äcker. Der alte Bauer deutet auf einen kahlen Baum. Das kleine Wunder: Aus den nackten Ästchen keimen grüne Blätter – obwohl es seit Monaten kaum geregnet hat. Für den hochgewachsenen Beniner ein Zeichen dafür, dass es sein Boden lebt; dass es wieder bergauf gehen kann.

Orou Yerima arbeitet seit einem halben Jahrhundert auf den Feldern. Der 70-Jährige hat zwei Frauen und fünf Kinder. Er wohnt in einer kleinen Lehmhütte und besitzt einen alten Motorroller. Sein Dorf Wara liegt eine Tagesreise vom Meer entfernt. Von der alten Kolonialstadt Porto-Novo nahe der Küste des Golfs von Guinea führt eine betonierte Straße in den hohen Norden des Landes, das sich schmal zwischen die Nachbarstaaten Togo und Nigeria quetscht. Zu Yerimas Dorf,

Yeremia vor seinen keimenden Bäumen: Der Boden lebt endlich wieder, jubelt der Bauer.

das nur auf sehr detaillierten Karten verzeichnet ist, führt ein rötlicher Sandweg, vorbei an schreienden Kindern und mit Wellblech gedeckten Lehmhütten – weit hinein in den Busch.

Orou Yerima trägt eine bunte Tunika und eine muslimische Gebetskappe. Seine ledrige Haut, tiefe Falten und schlechte Zähne erzählen von einem harten Leben. Er hat Regierungen kommen und gehen sehen, er hat Dürren und Überschwemmungen erlebt. Aber immer hat er sich durchgeboxt. Schlechte Zeiten gab es häufig, aber auf die folgten stets gute

Jahre. Damit ist es nun vorbei. »Seit vielen Jahren kommt der Regen nicht mehr regelmäßig«, erzählt der Bauer in seiner lokalen Sprache Baatonum. »Wir säen aus, warten, aber der Regen kommt, wann er will, man kann sich auf nichts verlassen, und oft vertrocknet unser Saatgut.« Orou Yerima berichtet von mageren Ernten, und seine jüngste Frau erzählt, das Geld fehle, um die Kinder einzuschulen. Das liege am Klimawandel, hätten ihm, sagt Yerima, die Leute erzählt. Er sei schuld, dass die Wolken regenlos weiterzögen. Was das genau ist, weiß der Bauer nicht. Aber es hat mit dem Regen zu tun, und es macht ihm und seiner Familie Angst.

In das Klagelied von Orou Yerima stimmen mittlerweile Millionen Bauern in Ländern südlich der Sahara ein. Ein fataler Mix aus verschleppten Problemen und einem Klima, das nicht mehr nach den Regeln spielt, gefährdet ihre Existenz. »In einem Jahr kann erst eine Dürre der Ernte zu schaffen machen und dann eine Überschwemmung«, beobachtet der beninische Agraringenieur Amadji Firmin, der den Bauern im Dorf Wara hilft, sich an das neue Klima anzupassen. Er sitzt in einem klimatisierten Büro der Deutschen Gesellschaft für Internationale Zusammenarbeit (GIZ) in Parakou, der größten Stadt im Norden Benins. Seit dreißig Jahre berät er den beninischen Staat und verschiedene Hilfsorganisationen. »Von zehn Jahren sind heute sechs schlechte Erntejahre, zwei sind mittelmäßig und nur zwei wirklich gut.« Innerhalb eines Jahrzehnts sei seine Maisernte von drei Tonnen auf eine Tonne pro Hektar zusammengeschrumpft. Das bestätigt auch Bauer Yerima, dessen Felder rund drei Stunden von Parakou entfernt liegen.

Was Bauern und lokale Berater über Ernteeinbußen erzählen, bestätigen Forscher des US-amerikanischen Massachusetts Institute of Technology (MIT) in einer alarmierenden Studie. Umweltingenieure der Eliteuniversität simulierten in zwei Szenarien die Auswirkungen einer Klimaerwärmung von zwei und von vier Grad auf die Ernteerträge in den Ländern südlich der Sahara. Sie kamen zu dem Ergebnis, dass die Ernten in der Region in den nächsten Jahrzehnten um insgesamt 20 Prozent einbrechen könnten. In dem Szenario einer durchschnittlichen Erwärmung von vier Grad müssen einige Länder bis Ende des Jahrhunderts sogar mit Ernteausfällen von 50 Prozent rechnen. Nicht nur Dürren, sondern auch Starkregen könnten die Erträge dramatisch verringern. Die Forscher wollen ihre Daten den Regierungen der betroffenen Länder übermitteln, um diese zum Handeln zu bewegen.

Allerdings haben sich die Forscher in ihren Studien ausschließlich auf klimatische Veränderungen konzentriert. Tatsächlich kommen lokale Faktoren wie unfruchtbare Böden oder Abholzung noch obendrauf – ein gefährlicher Cocktail aus Folgewirkungen menschlicher Eingriffe: »Diese hausgemachten Probleme und der nachlässige Umgang mit unseren Ressourcen addieren sich auf fatale Weise mit den Folgen des Klimawandels«, meint Agrarexperte Firmin. Eigentlich wollte er sich längst zur Ruhe setzen. Aber die Probleme seines Landes lassen ihn nicht los. »Wir haben es mit einer lokalen, regionalen und beim Klimawandel mit einer globalen Zerstörung zu tun.«

Der Klimawandel sei dabei der berühmte Tropfen, der das Fass zum Überlaufen bringen könnte: Die Bauern holzen seit Jahrzehnten den ohnehin mageren Baumbestand vor ihrer Haustür ab – vor allem für den Baumwollanbau und als Brennholz. Viele Beniner kochen immer noch mit dem Drei-Steine-System. Für eine Mahlzeit braucht man mehrere Holzscheite, vor allem wenn Getreide oder Bohnen lange gekocht werden müssen. Ein wichtiger Nebenverdienst für viele Bauern ist die Herstellung von Holzkohle, die sie aus Ästen und Scheiten herstellen, die sie in der Wildnis finden. An den staubigen Straßenrändern sieht man sie neben mannshohen weißen Säcken stehen, die bis zum Rand mit der schwar-

Kochstelle im Dorf Wara: Für das traditionelle Drei-Steine-System braucht man viel Holz, um Bohnen oder Gemüse zu garen. Wer arm ist, sammelt oft mehrere Stunden am Tag Feuerholz.

zen Kohle gefüllt sind. Dadurch veröden ganze Landstriche, das Mikroklima verändert sich; Firmin erklärt, dass dadurch die Hitze zu- und der Niederschlag abnimmt. Hinzu kämen starke Winde und Windhosen, die Häuser zerstören und alles mit einem feinen Staub bedecken.

Am schlimmsten machen jedoch die ausgelaugten Böden den Bauern zu schaffen, berichtet der Agraringenieur. »Früher hatten unsere Böden eine fünfprozentige Humusschicht, heute kommen wir auf maximal ein Prozent. Wir haben hier Böden, die nur noch aus Sand und Steinen bestehen, es ist kaum mehr Leben darin«, beklagt er. »Es gibt keine Mineralien mehr, und der Boden hat seine Fähigkeit verloren, Wasser aufzunehmen.« So errechneten das beninische Agrarinstitut INRAB und die GIZ in Nairobi dramatische Zahlen: Die Untersuchung von über 400 Stichproben aus sechs Gemeinden im Norden des Landes lässt darauf schließen, dass ein Drittel bis die Hälfte der Böden so gut wie unfruchtbar – in der Sprache der Fachleute: degradiert – sind.

Früher habe es schlicht mehr Land für weniger Leute gegeben, erzählen Gemeindevertreter der Region Gougounou, zu der das Dorf des Bauern Yerima gehört. Schlechten Boden habe man einfach ein paar Jahre ruhen lassen oder durch Fruchtwechsel wieder regenerieren können. Heute gibt es mehr Konkurrenz, da sich die Landbevölkerung alle zwei Jahrzehnte verdoppelt. Und die Verlockung ist groß, das einzig lohnende Produkt, die Baumwolle, anzubauen und dafür abzuholzen. Hinzu kommt ein nahezu unkontrollierter Einsatz von Pflanzenschutzmitteln. Die sind relativ billig und erleichtern die Arbeit der Bauern – ihre Kinder können ihnen bei der Feldarbeit oft nicht mehr zur Hand gehen. Sie gehen in die Städte, um mit dem Geld, das sie dort als Taxifahrer oder Verkäufer verdienen, ihren Eltern unter die Arme zu greifen.

Die Folgen der Bodenausbeutung bergen sozialen Sprengstoff: »Unsere Felder sind von der Baumwollproduktion völlig ausgelaugt, schon heute streiten sich Viehhalter und Bauern um die letzten fruchtbaren Flecken«, berichtet der Gemeindevertreter Moudachirou Soule. Er sitzt in einem neu errichteten Bürogebäude gut zwei Stunden südlich des Dorfes Wara. »Immer mehr junge Leute gehen in die Städte. Es gibt immer mehr hungrige Münder, aber immer weniger Bauern und fruchtbare Böden.«

Auch im Umweltministerium ist man besorgt: »Wir haben es hier mit einer leisen Vertreibung zu tun, deren Ausmaße in Benin noch niemand wirklich kennt«, erklärt Médard Ouinakonhan, Leiter der Abteilung Klimaschutz im Umweltministerium in Cotonou. »So etwas wie Umwelt- oder Klimaflüchtlinge gibt es ja offiziell noch gar nicht, aber es ist unsere Realität.« Noch hat die Regierung keine Zahlen, aber sie vermutet, dass viele beninische Bauern nach Nigeria und Ghana auswandern, während andere aus Niger und dem Tschad oder aus anderen Krisenregionen nach Benin kommen. Weil die Trockenheit in der Sahelzone noch extremer ausfällt, zögen auch die Viehhirten von dort immer weiter nach Süden, ins Landesinnere von Benin. Auf der Suche nach Futter zerstörten die Nomaden mit ihren Viehherden jedes Jahr die Felder der Bauern. »Es gibt regelmäßig Tote, die sozialen Konflikte zwischen Bauern und Tierhaltern nehmen zu«, berichtet Ouinakonhan. Auch über das Feld von Orou Yerima ist so eine Viehherde gezogen. Er zeigt entrüstet auf abgeknabberte Strauch-erbsenbüsche. Wenige Meter weiter sitzen die Viehhirten in einfachen grauen Sackkleidern unter einem Baum und bei-ßen auf vertrockneten Strohhalmen herum. Ihre abgemager-ten Rinder stehen kauend in der prallen Sonne.

Während viele junge Bauern in der Gemeinde Gogounou, zu der das Dorf Wara gehört, ihre Elternhäuser Richtung Stadt verlassen, hat Orou Yerima nie darüber nachgedacht, seinen Grund und Boden aufzugeben: »Ich war nie in der Schule und habe keinerlei Abschluss – wie soll ich jemals woanders Fuß fassen?«, fragt er erstaunt. Er setzt deshalb all seine Hoffnun-gen in die neuen Heilmittel, die seinen Boden wieder frucht-bar machen sollen.

Beninische Nichtregierungsorganisationen und ein deut-sches Programm des Bundesentwicklungsministeriums bera-ten die Bauern. Ihnen soll gezeigt werden, was sie tun können, damit die Böden wieder bessere Erträge liefern. »Fluchtursa-chen bekämpfen« nennt man das im Politiksprech. Damit die Menschen sich nicht auf den Weg in die Nachbarländer oder gar nach Europa machen, soll ihnen vor Ort geholfen wer-den. Viel zu spät sind NGOs und auch die GIZ auf diese Idee gekommen. Diese Art von Programmen gibt es in Benin erst seit wenigen Monaten. Die Probleme hingegen haben sich zu einem enormen Berg aufgetürmt, den die bislang nur verein-zelt umgesetzten Maßnahmen kaum abtragen können.

Der Bauer Orou Yerima hat sich an die Empfehlungen ge-halten und gleich im ersten Jahr mehr Ernte eingefahren. Die Ratschläge des Programms sind einfach. Geld brauchen die NGOs vor allem für die Ausbilder, die durch die Dörfer zie-

Yeremias Frau mit frisch geernteten Straucherbsenzweigen:
Die Büsche stabilisieren und düngen die ausgelaugten Böden.

hen und willige Bauern suchen. Den Bauern selber will man
mit Saatgut und Workshops helfen. Hier geht es nicht um
Geld, sondern um Wissen.

Auf dem Feld des alten Yerima liegen jetzt in der Trocken-
zeit vertrocknete Maisstrünke herum. Während die Nachbarn
ihre Ernteeste verbrennen, belässt er sie als Bodenschutz und
Dünger auf dem Acker. Der Baum, der dort in der größten
Hitze des Jahres keimt, ist für ihn ein Zeichen für die wie-
dergewonnene Fruchtbarkeit. Statt auf Chemie hat er im letzten Jahr auf natürlichen Dünger gesetzt. Seine bessere Ernte

hat er der Anpflanzung von Mukuna, einer Hülsenfrucht, zu verdanken, meint Yerima. Die Leguminose wird zwischen die Nutzpflanzen ausgebracht und versorgt den Boden mit Stickstoff – einem wichtigen Grundbaustein für das Pflanzenwachstum. Außerdem gewinnt der Boden durch das Wurzelwerk wieder an Halt, speichert das Wasser länger und hält Unkräuter fern. Auf dem Feldstück gegenüber liegt noch die alte Flasche eines Herbizids, doch das sei längst nicht so wirksam wie die Hülsenfrucht, ist Yerima überzeugt. Zudem bekommt er Mukuna umsonst, für das Herbizid muss er bezahlen.

Die Botschaft ist einfach: Anpassung muss weder teuer sein, noch auf aufwendige chemische und technische Mittel zurückgreifen. Neben natürlichen Düngepflanzen wie Mukuna empfehlen die Ausbilder, auf den Feldern Bäume zu pflanzen, deren Blätter dem Boden nicht nur Nährstoffe, sondern auch Schatten spenden. Sie ermutigen die Bauern, auf hitzebeständigere Sorten umzusteigen und statt bodenintensiven Yams- und Maispflanzen neue Arten auszuprobieren, etwa die Getreideart Sorghum, die mit hohen Temperaturen und geringen Wassermengen gut zurechtkommt. Nicht alle Bauern wollen die Lehren der weißen Herren annehmen – immerhin wohnen die in abgeschotteten Häusern und fahren ausschließlich in klimatisierten SUVs durchs Land. Was wissen die schon von Ackerbau?

»Heute gibt es eine Generation von Bauern, die von der Realität abgeschnitten ist, und wir müssen sie auf die neuen Bedingungen vorbereiten«, betont Agraringenieur Amadji Firmin. Damit die Bauern Vertrauen fassen, schult er lokale Ausbilder, die aus dem Benin kommen und die Bauern besser verstehen. »Sie wissen zwar, wann sie die Maispflanze ausbringen müssen, aber es fehlt das Wissen, wie sie mit der neuen Bodenknappheit und dem Klimawandel umgehen sollen.« Lange sei er resigniert und verzweifelt gewesen angesichts der überbordenden Probleme seines Landes, sagt Firmin. Nun habe er wieder Hoffnung geschöpft und glaube, dass sich die Bauern wirklich anpassen können – wenn sie nur wollen.

Kritische Stimmen hingegen bezweifeln, dass sich die Bauern an die Ratschläge von außen wirklich halten, wenn die Programme der NGOs erst mal ausgelaufen sind. Zu oft schon seien gut gemeinte Initiativen in Ländern wie dem Benin buchstäblich versandet, sobald der Geldhahn zugedreht wurde. Der alte Bauer Yerima ist jedenfalls zufrieden. Nicht die Worte der Helfer, sondern ein austreibender Baum und eine gute Ernte haben ihn überzeugt.

BENIN IN DATEN

CO_2-Ausstoß pro Kopf:
0,59 Tonnen (2010)

Weltklimaabkommen:
Ratifiziert am 31. Oktober 2016

Klimaziel 2030:
Reduktion der Treibhausgasemissionen um 21,4 Prozent bis 2030 gegenüber Business-as-usual-Szenarien

Anteil von erneuerbaren Energien im Energiemix:
50 Prozent, v. a. aufgrund der Nutzung von Biomasse (u. a. Feuerholz), bei der Stromerzeugung allerdings weniger als ein Prozent. Dort besteht großes Potenzial bei Solarenergie und Biomasse (2012).

Abhängigkeit von fossiler Energieerzeugung:
99,2 Prozent des erzeugten Stroms kommt aus fossilen Energiequellen (Öl, Erdgas). Nur knapp 6 Prozent der Menschen in Benin haben Zugang zu Kraftstoffen wie Benzin oder Diesel (2012).

Bevölkerungswachstum:
Anstieg von 11,1 Millionen im Jahr 2016 auf 23,9 Millionen im Jahr 2050

Elektrifizierungsrate:
Rund 38 Prozent der Bevölkerung haben einen Zugang zu Strom.

Pkw pro Einwohner (2015):
Rund 20 Autos pro 1.000 Einwohner

Marokko
Die Prediger der Energiewende

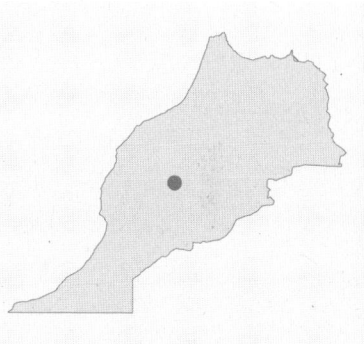

Wenn im Dorf Tadmamet die Sonne hinter den Bergspitzen des Atlas-Gebirges verschwindet, wird es innerhalb von Minuten stockdunkel. Wer nach Sonnenuntergang in dem zerklüfteten Tal rund 50 Kilometer südlich von Marrakesch strandet, muss bleiben. Nur in wenigen Häusern geht das Licht an, auf den steilen Wegen sieht man die Hand vor Augen nicht. Laternen kennen die Dorfbewohner nur aus den Städten. In der Hütte des Bauern Brahim id Abdeslam brennt eine Energiesparlampe. Es ist die einzige Beleuchtung, die er in seinem aus Lehmziegeln gebauten Haus hat – aber auf die ist er mächtig stolz. Der Bauer besitzt ein paar Hühner, einige Kartoffelfelder, Oliven- und Mandelbäume. Damit kommt er gerade so über die Runden. Um den Strom für seine Energiesparlampe zu bekommen, muss er einmal pro Woche ins nächste Dorf fahren und eine Prepaidkarte aufladen. Mit der kann er dann seinen Stromzähler freischalten.

Beim Kauf der Energiesparlampe blieb es nicht. »Vor ein paar Jahren habe ich von einer Rede des Königs über erneuerbare Energien gehört – das hat mir gefallen«, erzählt der Mittfünfziger lächelnd. Der König ist in Marokko kein normaler Politiker. Für viele Menschen hier ist er eine Identifikationsfigur, ein Ideal. Kritische Fragen zum König sind weder in abgeschiedenen Dörfern noch in den marmorierten Empfangshallen der großen Städte erwünscht. Hält der König allwöchentlich seine Ansprache in Radio und Fernsehen, hören die Menschen ihm aufmerksam zu – und das überall im Land. Auch im Dorf von Brahim id Abdeslam. Weil die Rede zum Klima den Bauern tief bewegt hat, gründete er zusammen mit anderen Dorfbewohnern einen Verein, um eine neue Moschee zu bauen. Ja, gibt er zu, die Moschee war schon länger ein Wunsch des Dorfes. Aber nun sollte das neue Gotteshaus etwas ganz Besonderes werden. »Wir wussten, dass wir enorme Vorteile haben, wenn wir unsere Moschee mit erneuerbarer Energie ausstatten – auch weil wir dann kein Chipkartensystem mehr brauchen.«

Die Rechnung von Brahim id Abdeslam ging auf. Was sie sich selbst für ihre Häuser nicht leisten können, gelang nach langer Geld- und Partnersuche beim Moscheebau: die Installation von 16 Solarpaneelen und einer Solarthermieanlage auf dem Dach. Davon profitiere das ganze Dorf, erzählt Brahim stolz, denn die Moschee ist Treffpunkt und einziger Versammlungsort im Dorf. Hier können Familien und Nachbarn abends lesen, sticken oder sich zum Tee treffen. Die Moschee ist energieautark, eine kleine Batterie speichert den Strom für die Abende.

Noch ist die Moschee nicht ganz fertig, Gerüste stehen in den Gebetsräumen, die Treppe zur Minarettspitze hat noch

Die Moschee von Tadmamet im Atlasgebirge mit ihren Solarpaneelen.

kein Geländer. Es ist das erste vollständig energieeffiziente Gotteshaus in Marokko: gedämmt mit ökologischen Baumaterialien, ausgestattet mit LED-Lampen und versorgt mit Solarstrom.

Die Moschee von Tadmamet ist nur eines von 600 Gotteshäusern in Marokko, die binnen drei Jahren »grün« werden sollen. Angeschoben hat das Programm der mächtige König Mohammed VI. selbst. Umgesetzt wird es vom Religionsministerium und unterstützt durch Spenden und Hilfsprogramme, auch aus Deutschland. Die »Grünen Moscheen« sind kein gewöhnliches Sanierungsprogramm, sondern eine Art Energiewendekampagne. Der König will, dass die Bürger aus Überzeugung Strom sparen. Deshalb betont er in seinen Reden regelmäßig die Vorzüge von Solar- und Windstrom. Außerdem hat das Staatsoberhaupt den muslimischen Predigern eine ökologische Ausbildung verordnet. Denn gleich nach dem König haben die Prediger in Marokko den größten Einfluss auf die Bevölkerung: Jeden Freitag lauschen Millionen Marokkaner ihren Worten.

In einem ruhigen Vorort von Marrakesch steht ein mit Solarpaneelen verkleidetes Gebäude. Hier arbeiten die Erfinder der Moscheenkampagne der Nationalen Agentur für Energieeffizienz. In einem hellen Raum sitzen 15 Imame in drei Sitzgruppen zusammen. Sie blättern im Koran und diskutieren. Unter ihnen sind auch Frauen mit Kopftüchern. Die Imame tragen weiße Tuniken und die traditionelle Kopfbedeckung. Es ist ihnen sichtlich unangenehm, von einer westlichen Journalistin beobachtet zu werden. Aber sie tragen es mit Fassung. »Am Vormittag erklären wir den Predigern die physikalischen Grundlagen«, berichtet der Seminarleiter Mohamed Yessou in der Kaffeepause. Er möchte lieber nicht mit seinem richtigen Namen genannt werden. Er zeigt auf eine Apparatur mit einer Glühbirne, einer Energiesparlampe und einer LED-Leuchte. Er knipst alle drei Lampen an. »Am Ende ist zum Beispiel allen bewusst, dass es vom Licht her keinen Unterschied macht, welche Birne sie in ihrem Gebetsraum einsetzen – für die Umwelt und ihre Stromrechnung aber schon.«

Nach dem Crashkurs in Sachen Energiewende wenden die Imame ihr Wissen auf den Koran an: »Gerade haben wir

Energiearmut in Marokko: Nur wer seine Prepaidkarte auflädt, bekommt auch Strom – Brahim id Abdeslam will mit dem Bau einer Solar-Moschee Strom für alle zugänglich machen.

Grundsätze des Islam aus dem Koran herausgeschrieben«, erklärt Yessou. Natürlich finde man so etwas wie Energiesparlampen oder Elektrizität nicht in der Heiligen Schrift – aber im Grunde sei der Koran eine richtige Ökofibel.

Er zeigt auf den Beamer, der acht Grundsätze des Koran an die Wand projiziert. »Esst und trinkt aber nicht im Übermaß, denn ER (Allah) mag jene nicht, die im Übermaß leben, Al Araf 31«, steht da. Oder: »Denn die Verschwender sind die Brüder des Teufels, Al Isra 27.« »Die Botschaft ist ganz einfach: Energie zu verschwenden ist nicht im Sinne unseres Glaubens«, sagt Yessou. Die Erkenntnisse lassen die Imame nun in ihre Predigten einfließen.

»Mit dem Programm erreichen wir schon heute jeden Freitag zum Gebet fünf Millionen Gläubige«, erklärt Sonia Mezzour. Die Generalsekretärin der Energieeffizienzagentur war früher Energieministerin in Marokko. Man trifft sie auf der UN-Klimakonferenz, die im Dezember 2016 in Marrakesch stattfand. »Unsere Geistlichen genießen ähnlich wie der König ein großes Vertrauen bei den Menschen«, erläutert sie. »Wenn wir all unsere Moscheen umrüsten, können wir bis zu 40 Prozent der Stromkosten unserer Gotteshäuser sparen – das sind sechs Millionen Dollar pro Jahr!« Auf der Klimakonferenz versucht Mezzour, Energieminister und Religionsvertreter aus Jordanien, Tunesien und dem Sudan zu überzeugen. Die Vision der Ingenieurin: Schon bald sollen Imame auf der ganzen Welt die Energiewende predigen.

Und nicht nur in Marokko mobilisieren Prediger für die Energiewende. Schon auf der Weltklimakonferenz in Paris im Dezember 2015 hatten sich Vertreter der Weltreligionen gemeinsam dafür ausgesprochen, erneuerbare Energien ins Gebet aufzunehmen. Denn, so liest man in der Abschlusserklärung: »Das Universum ist nur ein Geschenk, das wir von Gott erhalten haben.« Deshalb sei es eine Pflicht, dieses Geschenk zu schützen.

In Marrakesch waren tatsächlich pünktlich zum Start der UN-Klimakonferenz 2016 mehrere Moscheen umgerüstet worden, darunter auch das größte marokkanische Gotteshaus »Koutoubia« in der Altstadt. Auch wenn es so aussah, als würde der König mit diesem Programm vor allem ausländischen Investoren und Politikern imponieren wollen: Die Umbauten sind dauerhaft und bedeuten gerade für ländliche Regionen einen enormen Fortschritt. Für das Dorf im Atlasgebirge, weit weg vom Trubel der Stadt Marrakesch, ist die grüne Moschee mehr als eine Klimaschutz- oder gar PR-Maßnahme. »Der Solarstrom ist gut für uns, weil wir weniger für Strom bezahlen müssen«, sagt der Dorfbewohner und Bauarbeiter Hussein Ait Hussein. Er hat auf der Baustelle der Moschee das erste Mal in seinem Leben eine Solaranlage installiert. »Wir sind sehr arme Leute. Es ist gut, dass unser zentraler Treffpunkt im Dorf nun unabhängig ist.«

MAROKKO IN DATEN

CO_2-Ausstoß pro Kopf:
1,58 Tonnen (2010)

Weltklimaabkommen:
Ratifiziert am 21. September 2016

Klimaziel 2030:
Reduktion der Treibhausgasemissionen um 32 Prozent bis 2030 gegenüber Business-as-usual-Szenarien

Anteil von erneuerbaren Energien im Energiemix:
11,3 Prozent (2012), laut Regierungsaussagen waren es Ende 2017 rund 34 Prozent, vor allem Wind- und Solarenergie.

Abhängigkeit von fossiler Energieerzeugung:
In der Stromerzeugung dominierten die Energieträger Gas und Öl im Jahr 2013 noch mit 86 Prozent. Marokko importiert diese vor allem aus den Nachbarstaaten. Die Abhängigkeit reduziert sich derzeit relativ stark aufgrund des Zubaus von Solarkraftwerken und Windparks an der Küste.

Bevölkerungswachstum:
Anstieg von 34,8 Millionen im Jahr 2016 auf 45,7 Millionen im Jahr 2050

Elektrifizierungsrate:
100 Prozent – auch wenn sich nicht alle Marokkaner eine ständige Stromversorgung leisten können und die Versorgung nicht durchgehend gewährleistet ist.

Pkw pro Einwohner (2015):
Rund 74 Autos pro 1.000 Einwohner

KAPITEL 2

Europa: Der Geist von Paris

Wenn es einen Auslöser gab, der mich jahrelang an das Klimathema band und vielleicht auch zu den vielen Reisen und letztlich zu diesem Buch führte, war das die Nacht vom 18. auf den 19. Dezember 2009. Die letzten Stunden des UN-Klimagipfels in Kopenhagen blieben der Welt als ein tragischer Abgesang auf die Klimadiplomatie in Erinnerung. Über 190 Staats- und Regierungschefs hatten den ganzen Tag damit verbracht, große Reden zu schwingen: Alle zehn Minuten stand ein neuer Staatschef am Pult im großen Saal des Bella Center. Nach den pathetischen Auftritten schaute die ganze Welt auf das Messegelände der dänischen Hauptstadt – immerhin hatten Regierungen davon gesprochen, jetzt zu handeln. Und dann passierte: nichts. Meine Kollegen und ich hielten uns mit Kaffee und Schokolade bis in die Morgenstunden wach, immer ein Auge auf den Bildschirmen im Pressezentrum. Gegen fünf Uhr früh nickte ich ein. Ich wurde geweckt mit der Botschaft, dass alles vorbei sei: »Wie vorbei?« – »Vorbei – es gibt keinen Weltklimavertrag!« Alle 193 Staats- und Regierungschefs und Tausende Diplomaten fuhren unverrichteter Dinge wieder nach Hause. Erschüttert und desillusioniert verließen wir Kopenhagen. Es fühlte sich so an, als hätte die ganze Welt zwei Wochen über Frieden geredet und dann doch einen Krieg angezettelt. Wie konnten fast alle Länder der Welt die Bedrohung benennen und in so flammenden Reden die Rettung der Erde beschwören – um dann nichts zu tun?

Sechs Jahre sollte es noch dauern, bis auf der UN-Klimakonferenz in Paris mit dem Hammer von Laurent Fabius das Weltklimaabkommen besiegelt wurde. Auch wenn wir uns an diesem Abend erleichtert in den Armen lagen – immerhin hatten meine Kollegen und ich jahrelang dem Diplomatiemikado in Sachen Klimaschutz zugesehen –, wussten wir, dass dieses Abkommen ein sehr wichtiger, aber eben doch nur *ein* Schritt in Richtung eines globalen Wandels war. Immerhin hatten sich die Entscheider dieser Welt darauf geeinigt, ihre Wirtschaftssysteme grundlegend umzukrempeln. Der »Geist von Paris« war in der Welt. Nun gab es endlich etwas Handfestes, ein Fundament, auf dem etwas Neues entstehen konnte. Alles war nur noch eine Frage der Zeit: Handeln die Länder rechtzeitig, um schlimmere Folgen bis zum Ende des Jahrhunderts noch zu verhindern?

Nur neun Monate später, im Herbst 2016, hatte schon über die Hälfte der Länder das Abkommen ratifiziert – normalerweise nimmt ein solcher Prozess Jahre in Anspruch. Ungefähr zu dieser Zeit plante ich eine Reise vom historischen Pariser Vorort Le Bourget, an dem das Weltklimaabkommen beschlossen wurde, bis zum Ort der nächsten Klimakonferenz, nach Marrakesch. Die Aufbruchstimmung und Euphorie von Paris im Gepäck, reiste ich im Oktober 2016 per Bahn und Bus von der französischen Hauptstadt nach Marokko und sprach auf insgesamt acht Stationen mit Wissenschaftlern, Weinbauern, Farmern und Umweltschützern über ihren Alltag und den Klimawandel.

Besonders gern erinnere ich mich an den Weinbauern Remi Couppé vom Château Clos Cormey im französischen Saint-Émilion. Sein »Château« ist eine alte Scheune mit fünf Edelstahlbehältern, in denen gerade der frisch angesetzte Wein gärte, als ich ihn besuchte. Auf einer zehn Meter hohen Leiter kletterte ich auf die Gärfässer, um einen Blick in den violetten Sud zu werfen. Remi, ein äußerst gastfreundlicher und aufgeschlossener Mann um die 40, erklärte mir mit einer Engelsgeduld jedes noch so kleine Detail seiner Pflanzungen. Während links und rechts seines Weingutes ein millionenschweres »Château« neben dem anderen Touristen aus aller Welt anzieht, verkauft Remi seine Weinflaschen für einen günstigen Preis von zehn bis zwanzig Euro. Er führt mit seiner Familie ein einfaches Leben und ist schon viel herumgekommen. Das Weingut hat er von seiner Tante geerbt. Als wir über den Klimawandel sprachen, wirkte Remi ernsthaft besorgt. Mit seiner Hand deutet er auf die herbstlich gefärbten Weinreben: Kälteeinbrüche im Frühjahr, Starkregen im Sommer, anhaltende Dürren, Graupel und Hagel oder zu milde Winter, die Schädlinge nicht abtöten – vor all diesen Folgen des Klimawandels kann der Winzer seine Weinreben nicht schützen. Weder kann er ein Gewächshaus um sein Weingut herumbauen noch eine Riesenplane über die Weinstöcke spannen. Er ist den Gewalten des Wetters ausgeliefert.

Ebenso ergeht es den Weinbauern, die ich in Spanien besuchte und die unter dramatischem Wassermangel leiden. Auf einem ansehnlichen Weingut nahe Granada versucht Señor Antonio Gimeno Chárlez, mittels Drohnentechnik ein möglichst effizientes Bewässerungssystem aufzubauen. Während die Önologen in Bordeaux mittlerweile spanische und portugiesische Weinsorten ausprobieren, setzen die südspanischen Weinbauern bei Granada auf die nordafrikanischen Sorten: Alles verschiebt sich nach Norden – mit welchem Ausgang, ist offen.

Was ich aus den Gesprächen mit Weinbauern und Landwirten gelernt habe: Den Klimawandel spüren zuerst jene, die noch mit der Natur leben oder auf sie angewiesen sind – während wir Städter ohnehin kaum etwas von den Jahreszeiten mitbekommen.

Je südlicher ich kam, desto schwieriger wurde es, Termine im Voraus zu planen. In Südspanien bekam ich meine Kontakte über einen Ökoladen an der Ecke, deren Besitzer sich rührend um die ausländische Journalistin auf der Durchreise kümmerten. In Marokko wurden die Interviews erst am Tag selbst fest vereinbart, teilweise ein, zwei Stunden vorher – so, als hätte man nicht damit gerechnet, dass die deutsche Journalistin auch wirklich auf dem afrikanischen Kontinent ankommt. Überhaupt ist die Reise vom spanischen Festland nach Nordafrika merkwürdig kurz und der Kulturschock umso größer. Die Überfahrt vom südspanischen Algeciras nach Tanger dauert nur rund eine Stunde; eine Stunde zwischen zwei komplett verschiedenen Lebens- und Denkweisen – eine kulturelle Weltreise.

Sicher verlieren Distanzen heute an Bedeutung: Man kommt von Berlin schneller nach Casablanca als in den Harz. Doch die Reise per Schiff vom europäischen Kontinent nach Afrika ist etwas Besonderes. Entschleunigung ist dabei nicht nur eine ökologische, sondern auch eine erkenntnistheoretische Frage.

Von den südspanischen Gefilden, wo die Sonne die Erde mittlerweile immer häufiger auf tropische Temperaturen von über 40 Grad erhitzt und Landwirtschaft und fehlender Regen seit Jahren die Wasserreserven schrumpfen lassen, führten mich die Spuren des Klimawandels in die eisige Stille nördlich des Polarkreises – ebenfalls ein Hotspot der globalen Erwärmung, wie Klimaforscher das nennen. Mittelmeerraum und Polarkreis sind verschiedenen Studien zufolge von einem beispiellosen Anstieg der Durchschnittstemperaturen, aber auch von Extremwettern betroffen. Das letzte indigene Volk Europas, die Samen, beobachten den Klimawandel schon seit Jahrzehnten.

Auch in Lappland sind es jene Menschen, die mit und in der Natur leben, die die Veränderungen zuerst wahrnehmen. Rentierzüchter sind keine Klimaforscher, aber exzellente Beobachter. Seit Generationen treiben sie ihre Herden durch die schneebedeckte Wildnis, mittlerweile mithilfe moderner Peilsender, aber dennoch abhängig vom Wetter. Besonders einprägsam war die Begegnung mit einer Hüterin der samischen Tradition, Liisa Holmberg. Bei minus 25 Grad stapften mein Kollege und ich an einem freundlichen Morgen durch den meterhohen Schnee von unserem Hotel zur samischen Schule am Rande von Inari, einem Ort nördlich des Polarkreises. Liisa Holmberg, eine resolute und stolze Frau um die 50 Jahre, erzählte uns in der kleinen Schulkantine bei Rentierflocken und Kartoffelbrei vom Leben ihres Volkes mit und in der Natur. Wurden die Samen von Finnen, Russen, Schweden und Norwegern erst über Generationen immer mehr in den Norden vertrieben, kämpfen viele von ihnen nun in Lappland gegen große Bergbauunternehmen. Die westlichen Firmen würden riesige Ländereien kaufen, um ungestört nach Phosphor, Uranium oder Nickel zu suchen. Die Samen werfen ihnen lasche ökologische Standards und Kontrollen vor. Gleichzeitig wollen vor allem junge Sami lieber in die Städte gehen, um zu studieren, statt mit der Familie die Rentiere zu hüten. Zu all diesen Problemen addieren sich die merklichen Folgen eines unberechenbaren Wetters, das nördlich des Polarkreises viel deutlicher spürbar ist als in Großstädten oder in Mitteleuropa. Liisa Holmberg erzählt, dass die Sami seit Jahrhunderten im Zyklus der Jahreszeiten lebten und immer gewusst hätten, wann welche Kräuter wachsen oder zu welcher Zeit und an welcher Stelle die Rentiere die Moose unter dem Schnee finden. Dieses einzigartige Ökosystem verändere sich nun rasant – wodurch die überbrachten Traditionen langsam erodierten.

Während die Viehzüchter in Lappland verunsichert sind, wittern Unternehmer nördlich des Polarkreises das ganz große Geschäft. Eisfreie Handelsrouten in der Arktis eröffnen den Anrainern ganz neue Möglichkeiten. Einen der Strategen habe ich in Nordfinnland getroffen. Sein Traum, aus der Kleinstadt »das Tor zur Arktis« zu machen, wird weder in Helsinki noch in Brüssel ernst genommen. Das könnte sich bald ändern, wenn die eisfreien Sommer in der Nordwestpassage sich häufen, ist der Chef der Handelskammer von Rovaniemi überzeugt. Diese Geschichte zeigt, dass der Klimawandel nicht nur Ängste schürt, sondern auch Hoffnungen weckt – und mittlerweile von Wirtschaftsakteuren fest einkalkuliert wird.

Andalusien

Unter dem Walnussbaum
von Jorge Molero

Am Fuße der südspanischen Sierra Nevada liegt Europas Obst- und Gemüsegarten. Die andalusische Sonne lässt auf dem sandigen Boden Millionen Tomaten, Avocados, Zitronen und Orangen gedeihen. Während sich im Südosten bei Almería das berühmte »Plastikmeer« aus Treibhäusern erstreckt, bearbeiten auf der anderen Seite des Gebirges kleine Farmer die fruchtbare Hochebene bei Granada. Vor mehr als 2.000 Jahren brachten die Römer mit ihrer Art der Landwirtschaft ein ausgefeiltes Bewässerungssystem in die Region, die Mauren perfektionierten es im Mittelalter. Und Tausende spanische Bauern nutzen es bis heute. Doch nun scheint dieses Erfolgskonzept an seine Grenzen zu stoßen: Die Gärten drohen zu verdorren.

Am Rande seines Feldes sitzt Ökobauer Jorge Molero unter einem Walnussbaum. Sein Hund Olive knackt einige Nüsse. Die Wasserkanäle, die an Moleros Äckern vorbeiführen, sind ausgetrocknet. Der Sommer war lang und heiß, mit Temperaturen von über 40 Grad. Moleros Ernte fällt auch dieses Jahr geringer aus als erhofft. Auf seinen Feldern liegen noch einige Kürbisse, es wächst der letzte Salat für dieses Jahr. Molero hat einige Hektar Land gepachtet und pflanzt Biogemüse an – ohne Herbizide, ohne Insektenvernichtungsmittel. Im Dorf gilt er als »schmutzig«, weil es auf seinen Feldern überall sprießt und gedeiht. Zwischen den kleinen Ackerstreifen wachsen Oliven-, Feigen-, Nuss- und Obstbäume. Molero ist noch keine 40 Jahre alt, und manche der älteren Bauern empfinden ihn als eine Provokation. Die meisten sind längst im Rentenalter. Sie halten ihr Geschäft schon seit vielen Jahrzehnten am Laufen und haben vergebens versucht, ihre Kinder zu überreden, Hof und Land zu übernehmen. Molero hingegen war nicht immer Bauer. Er hat studiert, sich dann aber bewusst gegen das Büro und für das Feld entschieden.

An diesem Novembernachmittag schaut der Ökobauer missmutig auf die 3.000 Meter hohen Berge, in denen dicke Wolken hängen. »Im Winter und Frühjahr gehen die Bauern in die Berge, um abzuschätzen, wie viel sie anbauen können«, weiß Molero. Wenig Schnee bedeutet: weniger Aussaaten. Seit einigen Jahren sei die Sierra Nevada nun schon weitgehend ohne »nevada«, also ohne Schneefall, geblieben. Das Schmelzwasser des Gebirges läuft im Frühjahr in den jahrhundertealten Kanälen die Berghänge hinunter. Überall gibt es kleine Dämme und Schleusen, mit denen das Wasser über die vielen kleinen Äcker verteilt wird.

Wenn die kalten Winter in der Region ausbleiben, müssen die Bauern sich etwas einfallen lassen. Ökobauer Molero denkt darüber nach, nur noch Sorten anzubauen, die wenig Wasser

Ökobauer Molero mit seinem Hund Olive.

brauchen, und auf ein Tröpfchensystem mit Schläuchen umzusteigen. Das kostet allerdings mindestens 5.000 Euro – bei
einem Einkommen von 500 Euro im Monat ist das eine Groß-
investition. Ein Nachbar habe das bereits ausprobiert. Andere
Nachbarn versuchten hingegen, sich Wasser zu erschleichen:
»Schon jetzt beginnen sich die Bauern um die Wasservorräte
zu streiten«, berichtet Molero. »Jeder hat nur wenige Stunden
am Tag, um die Schleusen zu öffnen und seine Felder zu bewässern.« Wenn jemand zur falschen Zeit die Schleusen öff-
net, gibt es hohe Strafen. Es ist jedoch unmöglich, alle Felder
rund um die Sierra Nevada ständig zu überwachen.

Andere Farmer in der Region machen sich da weniger Gedanken. Sie werden mit Subventionen vom spanischen Staat unterstützt, erzählt der Ökologieprofessor Jorge Castro von der Universität Granada. In seinem Büro am Rande von Granada ist es angenehm kühl, während draußen die Hitze von 32 Grad drückt – mitten im November.

Castro hat sein Engagement als Umweltschützer zum Beruf gemacht und kämpft gegen die industrielle Landwirtschaft in Südspanien. Die »Plastikwüsten« und Olivenmonokulturen rund um die Stadt Almería seien eine Katastrophe für die Böden und die biologische Vielfalt der Region, echauffiert er sich. »Eigentlich gibt es auch in Almería Wassermangel. Aber dort hilft die Regierung mit dem Bau von Staudämmen.« Bei den Problemen von Klein- und Ökobauern wie hier am Fuße der Sierra Nevada hingegen sehe die Regierung weg. Dabei produzierten die für die Region, nicht für den Export wie die Großkonzerne. Die einst von kleinen Bauern bevölkerte Landschaft um die Sierra Nevada gerate so immer mehr in die Hände der Großgrundbesitzer oder Olivenmultis.

Tatsächlich sieht man auf der Hochebene von Granada viele große Plantagen, in denen Olivenbäume in Reih und Glied stehen. Nur selten stehen die Bäume verteilt auf Äckern, wie es traditionell üblich ist. Das befördert ein weiteres Problem in Andalusien: die Erosion. Spanische Wissenschaftler der Universität Córdoba simulierten die Zusammensetzung von Böden auf Olivenplantagen in Andalusien und fanden heraus, dass zwischen 1980 und 2000 bis zu 40 Prozent der fruchtbaren Böden verloren gegangen sind. Werde sämtliches Gewächs zwischen den Bäumen durch Herbizide vernichtet, trage der Wind den Boden und damit die wertvolle Humus-schicht ab. Weniger Sortenvielfalt und mehr Monokulturen dezimierten zudem den Insekten- und Vogelbestand, erklärt Ökologieprofessor Castro. Das wirke wieder auf die Landwirtschaft zurück, etwa weil es deshalb zu wenige Bienen gebe.

Zu diesen Problemen addieren sich nun die ersten Folgen des Klimawandels: wärmere Jahreszeiten, geringere Niederschläge und Dürreperioden. Südspanien könnte im schlimmsten Fall bis zum Ende des Jahrhunderts verwüsten, prophezeit eine erschreckende Studie, die im Fachmagazin *Science* erschien. Schon die bisherigen 1,3 Grad Temperaturanstieg gegenüber der vorindustriellen Zeit haben der Region zugesetzt. Wird die globale Erwärmung nicht eingedämmt, könnte das mediterrane Ökosystem schon bald kippen. Für die Untersuchungen haben die Paläoklimatologen Joel Guiot und Wolfgang Cramer von der Universität Aix-Marseille die Klimaveränderungen der Region in den vergangenen 10.000 Jahren anhand von Pollenfunden in Sedimenten rekonstruiert. In wenigen Jahrzehnten könnte Andalusien demnach die stärksten Veränderungen seit mehr als 4.000 Jahren erfahren, warnt Cramer, der auch am 1,5-Grad-Bericht des Weltklimarates mitgearbeitet hat. Auch in anderen Teilen Südspaniens und in Nordafrika wären Millionen Menschen von der Verwüstung betroffen. Die vergangenen Jahre scheinen das zu bestätigen: Weniger Niederschläge lassen gerade die noch unbewirtschafteten Gegenden Südspaniens geradezu versanden.

Ob und wann die Wüste die europäischen Grenzen erreicht, hängt auch von der Staatengemeinschaft und der Um-

Olivenmonokultur in Andalusien.

setzung des Weltklimavertrages ab, so Cramer. Forscher wie er können Politiker mit ihren Studien nur aufrütteln. Die bisher zugesagten Klimaziele der Staaten reichen aber noch lange nicht aus, um die Erwärmung unter zwei Grad zu halten. Allein die bisherigen Emissionen genügen, um Südspanien und seine mediterranen Nachbarn in Bedrängnis zu bringen.

Worst-case-Prognosen und sogenannte Vier-Grad-Szenarien sind gar nicht notwendig, um den Spaniern die Folgen des Klimawandels vor Augen zu führen. Bereits heute müssen die ersten Kollateralschäden der gestiegenen Temperaturen behoben werden. Das ist der Job der Agraringenieurin Carolina Puerta-Piñero. Sie will den andalusischen Farmern helfen, sich an die neuen Bedingungen anzupassen und die Ernteeinbußen in Grenzen zu halten. Am Institute of Agricultural Research and Training of Andalusia arbeitet sie an präzisen Wettervorhersagen und Empfehlungen für die Aussaaten. Auf dem Weg zum Weinbauern fährt sie in ihrem Golf an den kleinen Dörfern am Rande Granadas vorbei. Die seien am Aussterben, weil die Jungen in die Stadt gingen und kein Interesse mehr an der Landwirtschaft hätten. Das findet sie schade, schließlich bluteten so die einst traditionsreichen Dorfgemeinschaften langsam aus. Übrig blieben nur die großen Agrarfabriken wie in Almería. Auch sie habe als Kind auf einem Bauernhof gelebt, erzählt die Mittdreißigerin. »Ja, auch ich habe studiert und bin in die Stadt gezogen«, räumt sie lächelnd ein. Aber heute ist sie froh, wieder Kontakt mit den Leuten auf dem Land zu haben. Ihr Job sei der perfekte Schnittpunkt zwischen Wissenschaft und Bauernhof.

Angesprochen auf den Klimawandel, wird die Forscherin richtig wütend. »Das klingt immer so, als ob wir es hier mit abstrakten Problemen zu tun hätten – es klingt so weit weg.« Sie müsse sich tagtäglich mit einem Wetter beschäftigen, das außer Rand und Band geraten sei. »Die Klimaszenarien sind natürlich auch beängstigend, aber es reicht mir schon, wenn ich mich um die Folgen kümmern muss, die bereits heute ganze Wirtschaftszweige in Zugzwang bringen.« Die Bauern stünden seit ein paar Jahren reichlich ratlos da und hofften jedes Jahr, dass sich die alte Ordnung wieder einstellt – vergeblich.

»Problematisch ist nicht nur die Hitze, sondern vor allem die Unberechenbarkeit des Wetters: Wenn ich den Bauern in einem Jahr empfehle, lieber auf Bohnen statt auf Tomaten zu setzen, kann das im nächsten Jahr schon wieder komplett falsch sein«, sagt Puerta-Piñero. Auf einem Onlineportal sollen die Bauern dank dezentraler Wetterstationen bald präzise Angaben zu den klimatischen Bedingungen der nächsten Saison bekommen. Zudem entwickelt die Forscherin eine neue Methode für die Klimaanpassung: den Einsatz von Drohnen zur Pflanzenkontrolle.

Für ein Pilotprojekt hat sich Puerta-Piñero das Weingut Señorio de Nevada ausgesucht. Die malerische Hacienda liegt eingebettet in den Ausläufern der Sierra Nevada etwa 30 Kilometer südlich der Stadt Granada. Die Reben des Weinbauern Antonio Gimeno Chárlez ziehen sich auf 15 Hektar weit über die hügelige Landschaft. Dicht beieinander stehen Rebsorten wie Cabernet Sauvignon, Syrah, Merlot und Tempranillo. Chárlez produziert derzeit etwa 20.000 Flaschen weniger im Jahr – wegen der hohen Temperaturen: »Durch die heißen Sommer müssen wir die Trauben früher ernten«, erklärt er. »Dann sind die Trauben noch nicht so kräftig und aromatisch wie bei einer späteren Ernte.« Der Grundwasserspiegel könnte längerfristig so tief fallen, dass die Wurzeln seiner Reben ihn nicht mehr erreichen.

Zusammen mit der Agaringenieurin Puerta-Piñero will er vom kommenden Frühjahr an eine Drohne über seinen Reben kreisen lassen. Diese soll die Plantagenabschnitte fotografieren und dem Winzer den exakten Zustand seiner Pflanzen melden. Dann weiß er genau, welche Trauben mehr Wasser brauchen und welche schnell geerntet werden müssen.

Präzise Voraussagen und effiziente Bewässerung könnten für die kommenden Jahre Erleichterung verschaffen. Verhindern können sie den Wandel in der Region nicht. Agaringenieurin Puerta-Piñero glaubt trotzdem, dass der Klimawandel nicht nur Bedrohung, sondern auch Chance sein kann – für einen verantwortungsvollen Umgang mit Böden, Wasser und natürlichen Ressourcen. Aber dafür müssen die Landwirte dazulernen und althergebrachte Regeln überdenken. Ökobauer Jorge Molero sieht das ähnlich: Der Klimawandel lehre, wieder mit der Natur und nicht gegen sie zu arbeiten, sagt er.

Barcelona

Als das Meer krank wurde

An einem Sonntag im Oktober in Barceloneta: Die Sonne knallt vom blauen Himmel auf den Strand herunter, wo fliegende Cocktailverkäufer sich an schwitzenden Körpern vorbeikämpfen. »Un Mojito?« Der schmale Sandstreifen in Barcelonas Hafen ist bis zum letzten Meter belegt. Nicht nur die ganze Stadt scheint an diesem heißen Oktoberwochenende hierhergepilgert zu sein, sondern auch Easyjetter aus halb Nordeuropa.

Wer statt des Trubels und der stechenden Sonne etwas Abkühlung sucht, kann durchs alte Hafenviertel schlendern. Die Fronten der alten Häuserzeilen sind über und über mit Wäsche behängt, zwischen den Gassen spannen sich Elektroleitungen. Der Putz bröckelt an vielen Stellen – der Charme spanischer Altbauten. Was Touristen heute als »authentisch« bewundern, war lange Zeit das Zuhause Tausender Hafenarbeiter und Fischer, die hier in winzigen Wohnungen mit ihren Großfamilien hausten. Die Nähe zum Meer war nicht wie heute ein Zeichen des Wohlstands, sondern ein Armutszeugnis. Bis heute wollen viele »echte« Barceloner unter keinen Umständen zu nah am Meer wohnen, erzählen mir Eingewanderte, die vor ein paar Jahren aus Deutschland in den Süden gezogen sind. Im Hafenviertel leben heute vor allem alte Leute, Künstler und Exilnordeuropäer.

Am Passeig Maritim, mitten im Touristentrubel, liegt zwischen Tapasbars das spanische Meeresforschungsinstitut. Hier studierte die Biologin Patrizia Ziveri über Jahre, wie sich das Mittelmeer seit einigen Jahrzehnten verändert. Wir stehen in ihrem ehemaligen »Labor« im Keller des Instituts. Über uns flanieren die Touristen. Die Luft ist feucht, der Boden nass. An den Wänden stehen schwarze Plastiktröge, randvoll mit Wasser. Darin tummeln sich Fische. In Glasaquarien schweben alle erdenklichen Arten von Quallen – graziös und elegant, mit großen und kleinen Kappen, langen und kurzen Tentakeln. Hier hat die Arbeitsgruppe von Medsea jahrelang untersucht, wie anfällig die Meeresbewohner für Veränderungen sind.

Seit der Tourismus und mit ihm auch eine Art Wohlstand nach Spanien kamen, ist das Mittelmeer krank: Es wird von jedem Anrainer ausgebeutet und verschmutzt, als gäbe es kein Morgen. Besonders besorgniserregend ist, dass sich der ph-Wert des Wassers verändert. Ziveri nennt das die »stille Krankheit«. Sie richtet langsam, aber bestimmt irreversible Schäden im Ökosystem an. In der Fachsprache bezeichnet man diesen Effekt als »Versauerung«. Der durchschnittliche ph-Wert der Meere bewegt sich seit Jahrzehnten nach unten. Noch geht es um einige Stellen hinter dem Komma – für den Menschen nicht wahrnehmbar, für das Ökosystem aber schon verheerend. »Schon kleinste Veränderungen können einen enormen Effekt auf die Nahrungskette im Meer haben«, erklärt die Forscherin.

Schuld daran ist der globale CO_2-Ausstoß, der sich seit Beginn der Industrialisierung Europas und der Welt im 19. Jahrhundert vervielfacht hat. Entdeckt haben Meeresbiologen den Effekt erst viel später: 2003 begannen die Forscher hellhörig zu werden. Seit der industriellen Revolution – als Barceloneta noch ein armes Fischer- und Arbeiterviertel war – ist ein Großteil unserer Emissionen buchstäblich von den Meeren »geschluckt« worden – sie sind der größte CO_2-Speicher der Welt und damit die größte Bremse für den menschengemachten Klimawandel.

Allerdings ist die Aufmerksamkeit für das stille Sterben der Meere bis heute gering. Während mittlerweile viele Menschen wissen, dass die Temperaturen steigen, es mehr Dürren und Wirbelstürme geben wird, sind die Folgen der Aufnahme unglaublich großer Mengen CO_2 für die Meere kaum präsent. Nur durch spektakuläre Fälle wie das Korallensterben in Australien dringt die Versauerung ins Bewusstsein. Patrizia Ziveri und ihre Forschungsgruppe haben sich die Folgen dieser »stillen Krankheit« für das Mittelmeer angeschaut. »Das Mittelmeer versauert sehr wahrscheinlich schneller als andere Ozeane«, so Ziveri. »Das bedeutet, die Nahrungskette im Meer wird empfindlich gestört.« Zuerst treffe es winzige Lebewesen des Wassers wie Plankton, dann die nächstgrößeren Arten, dann Korallen, Seegras und so weiter, bis am Ende bestimmte Fischarten nichts mehr zu essen haben – »und dann trifft es den Menschen«, erklärt die Forscherin.

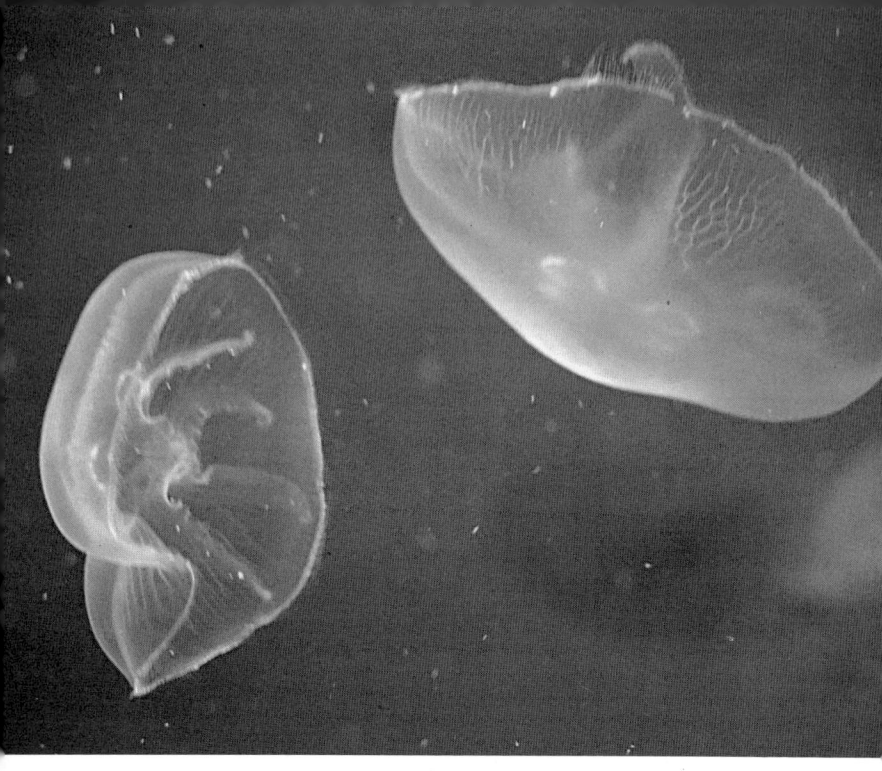

Im Keller des Institut de Ciencies del Mar tummeln sich Quallen in großen Becken. Die Forscher fanden heraus, dass die Tiere sich durch die Versauerung und Erwärmung der Meere sogar ausbreiten könnten.

Dabei ist es nicht das erste Mal, dass das Meer »versauert«. Vor rund 50.000 Jahren habe sich der ph-Wert schon einmal nach unten bewegt – ebenfalls aufgrund einer höheren CO_2-Konzentration in der Atmosphäre. Jedoch sei das Meer damals viel langsamer – über einen Zeitraum von 1.000 Jahren hinweg – »versauert«. Heute beobachten Forscher den gleichen Effekt in wenigen Jahrzehnten. Zur Versauerung addieren sich noch weitere tödliche Faktoren für das Ökosystem: Die steigenden Temperaturen führen auch zu einer Erwärmung des Mittelmeers, Abwässer aus der Landwirtschaft werden eingeleitet und Plastikmüll entsorgt. Außerdem sind Abgase aus Kreuzfahrtschiffen und Frachtern ebenfalls »Stressfaktoren«, wie sich die Meeresbiologin Ziveri ausdrückt. Diese Entwicklung trifft zuerst die Fischer, die Fischesser und die Tourismusindustrie (denn wer will schon in einem toten Ökosystem surfen und tauchen?).

Meeresforscherin Ziveri neigt nicht zu Übertreibungen. Sie ist auch mit dem Katastrophenjournalismus nicht einverstanden, der alle paar Jahre »das Ende des Mittelmeers« beschwört. »Es gibt nur eine Möglichkeit, das Meer zu heilen: Wir müssen aufhören, noch mehr Treibhausgase zu produzieren.« Was sie über den Paris-Vertrag denkt? »Leider kommt das Meer da trotz seiner großen Bedeutung eindeutig zu kurz«, meint Ziveri. An sich findet sie den Vertrag aber richtig. Sie ist überzeugt, dass es vor allem an Aufklärung mangelt: »Wenn viel mehr Leute wüssten, wie es um das Mittelmeer steht und welche Folgen das für die Anwohner hat, dann würden auch viel mehr Leute handeln.«

Frankreich

Das Ende des Grand Cru*

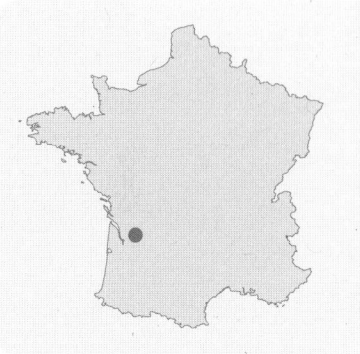

Die Böden um das Dorf Saint-Émilion sind Gold wert. Niemand
würde an diesem Ort auf die Idee
kommen, solch banale Kost wie
Kartoffeln oder Mais anzubauen.
Jeder Quadratmeter ist mit Weinreben bepflanzt, die sich
in langen Reihen durch die hügelige Landschaft ziehen. An
einem viel zu warmen Herbsttag, kurz nach Ernte der letzten
Trauben, spaziert Remi Couppé in Gummistiefeln über das
sechs Hektar große Terrain seines Château Clos Cormey. Von
hier aus kann man die Turmspitze der monolithischen Kirche
Saint-Émilion erahnen – Weltkulturerbe wie die Weinfelder
auch. Die rot und gelb verfärbten Blätter von Couppés Reben
leuchten in der Morgensonne, einige vergessene Trauben hängen noch und locken mit ihrer Süße, während andere schon
faulen. Der Weinbauer deutet gen Osten: »Dort hinten ist das
Château Angélus, dort wird selten eine Flasche unter hundert

* Die ursprüngliche Fassung dieses Artikels erschien am 23. November 2016 in
Der Freitag.

Euro verkauft – sehr traditionell und sehr touristisch.« Das Gebäude mutet mit seiner Sandsteinfassade und dem Glockenturm tatsächlich wie ein Schloss an. Dann dreht sich Couppé nach rechts und deutet auf ein graues Bauwerk einige hundert Meter hinter seinem Grundstück, das berühmte Château d'Ausone: »Dort kann man tausend Euro für eine Flasche Premier Grand Cru lassen.« Der Winzer steht mit seinem blauen Baumwollpullover und seinen verstrubbelten gräulichen Haaren etwas nachdenklich zwischen seinen Reben. »Ich glaube aber, mit Weinen ist es wie mit Hosen. 90 Prozent des Preises macht der Name aus, kein Wein der Welt ist tausend Euro wert. So gut können sie den gar nicht veredeln.«

In Couppés Château Clos Cormey, einem Familienbetrieb, werden Rot- und Weißweine für räsonable acht bis zwanzig Euro die Flasche abgefüllt. Tatsächlich handelt es sich bei dem »Château« um eine alte Scheune mit fünf großen Gärfässern aus Edelstahl, Couppé ist Teilhaber am Unternehmen seiner Tante. Er ist erst seit einigen Jahren in der Branche, vorher hat er in Russland als Ingenieur gearbeitet und ist auch sonst viel herumgekommen. In diesem Jahr hat er seine erste eigene Ernte eingefahren, nachdem er jahrelang seiner Tante zur Hand ging, die sich nun zur Ruhe gesetzt hat. Aus den sechs Hektar Trauben keltert der Familienbetrieb gut 30.000 Flaschen guten Saint-Émilion und Saint-Émilion Grand Cru. Noch läuft das Geschäft, aber der Weinbauer sorgt sich um die Zukunft – und die seiner Tocher, die das alles einmal übernehmen soll. Seit Jahren wird es in Saint-Émilion im Sommer außergewöhnlich heiß, während die Winter viel zu mild sind. Couppé und seine Tante sind keine Klimaforscher, aber sie

Weinbauer Couppé in seinen Weinfeldern in Saint-Émilion.

sind das ganze Jahr draußen und hüten ihre Reben – ihren größten Schatz.

»Der Wein ist eine empfindliche Pflanze; schon kleine Veränderungen bei Temperatur und Sonneneinstrahlung können im Geschmack viel bewirken«, erklärt Couppé. Die Tante, Joelle Menager, eine Weinbäuerin mit 40 Jahren Erfahrung, pflichtet ihm bei. »Mein Vater meinte immer, vor dem 15. Oktober gebe es keine Weinernte – heute ernten wir teilweise schon im September!«

Was Laien wie ein nebensächliches Detail vorkommen mag, ist für Weinkenner eine mittlere Katastrophe. Jede sogenannte Appellation, also ein ausgewiesenes Weinanbaugebiet, hat einen bestimmten Charakter – sprich: eine Identität – zu verteidigen. Remi Couppé und Joelle Menager beobachten, wie sich ihre Trauben langsam, aber sicher verändern. »Seit dem Hitzesommer 2003 geht das so«, erläutert Joelle mit einem Seitenblick auf ihren Neffen. »Ich setze mich bald zur Ruhe, aber für meine Nachfolger wird das nicht einfach.«

Die Prognosen der Klimaforscher sagen der Region um Bordeaux für die zweite Hälfte des Jahrhunderts einen Anstieg der Durchschnittstemperaturen um mindestens drei Grad sowie lange Trockenperioden voraus – mit desaströsen Folgen für den Weinanbau. Bordeaux könnte 2050 ein Klima haben wie heute das südspanische Sevilla.

Schon jetzt sorgt der Klimawandel für einen steigenden Alkoholgehalt des Weins. Je mehr Sonne auf sie fällt, desto mehr Zucker enthalten die geernteten Trauben, und aus diesem entsteht der Alkohol. »Früher hatten unsere Weine einen Alkoholgehalt von elf bis zwölf Prozent«, erinnert sich Joelle Menager. »Heute geht das hinauf bis auf 15 Prozent. Was bleibt da vom Charakter unseres Sortiments?« Hochprozentige Weine fand man bislang eher im Süden Spaniens oder in Portugal. Für eine Sorte wie den Bordeaux ist das keine Empfehlung. »Bisher zeichnen sich unsere Weine durch eine beerige Note aus, etwas Brombeere, Himbeere und eine kleine Note Vanille«, so Couppé. »Durch frühe Ernten und mehr Sonne könnten unsere Weine bald nach Kirsche und Nuss und weniger fruchtig schmecken. Und wenn die Temperaturen weiter steigen, ist es wahrscheinlich, dass bestimmte Rebsorten gar nicht mehr angebaut werden können.«

Was können die Weinbauern tun, um sich mit einem Klimawandel zu arrangieren, der für sie zur Existenzfrage wird? Da sie den Wetterbedingungen schutzlos ausgesetzt sind, bleibt ihnen nichts anderes übrig, als sich mit den Umweltbedingungen so einzurichten, dass möglichst wenig vom Charakter ihrer Weine verloren geht. Teilweise lässt sich der Schatten der Blätter nutzen oder die Höhe der Reben verringern, um den Zuckergehalt zu senken. Mancher Winzer greift auf Bewässerungssysteme zurück. Allerdings ist das im Gebiet Saint-Émilion verboten, sofern man das Label der Region behalten will.

Doch die Bauern sind mit ihrem Problem nicht allein. Schließlich geht es um ein französisches Kulturgut und einen gewichtigen Wirtschaftszweig, für den sich die obersten Wächter des Weins in Bordeaux zuständig fühlen. Sie arbeiten wie Serge Delrot an der Peripherie der Stadt in einem kastenartigen Neubau. Der Mikrobiologe leitet das Weinforschungsinstitut Sciences de la Vigne et du Vin und hat seine Equipe damit beauftragt, den Bordeaux gegen ein sich wandelndes Klima zu schützen.

Delrot bekam diesen Auftrag nicht, weil er sich gut mit Jahrgängen auskennt, sondern weil er die chemische Substanz der Trauben genau studiert hat. Dass er dieses Wissen einmal nutzen würde, um die Zukunft der Bordeauxweine zu retten, hätte er sich noch vor ein paar Jahren nicht träumen lassen. Er zieht eine pragmatische Bilanz: Auf lange Sicht müssten die Rebsorten wie der bisher in der Region angebaute Merlot durch südliche Reben aus Portugal und Sorten mit längerer Reifezeit wie beim Cabernet Sauvignon ausgetauscht werden. Das ändere vermutlich den Geschmack, doch dies wäre nicht das erste Mal. »Wein aus den 1950er-Jahren würden viele Menschen heute sicherlich grässlich sauer finden – der Geschmack verändert sich seit jeher«, meint Delrot. Den heutigen Bordeaux werde es so in 50 Jahren gewiss nicht mehr geben, aber dank seiner Forscher seien neue Sorten denkbar, die den Böden der Region angepasst seien. Um den Anbau anzupassen, müssten die Rebstöcke über die Jahrzehnte ausgetauscht werden. Kein einfacher Prozess – denn die Reben bräuchten Jahre, bis sie überhaupt verwertbare Trauben tragen würden. Der Austauschprozess werde sicher nicht ohne Verluste und erheblichen Aufwand vonstattengehen. Rebstöcke bedeuten für Weinbauern eine immense Investition.

Um die Zukunft des Bordeaux zu erforschen, haben die Wissenschaftler vor dem Institut Versuchsfelder angelegt – mit Rebstöcken aus der ganzen Welt. Stolzer Versuchsweinbauer ist Professor Kees van Leeuwen, der das Verhalten von Reben aus Chile, Portugal, Spanien und Australien beobachtet. »Das hier ist ein spanischer L'Albariño«, erklärt er bei einem Spaziergang durch den globalen Weingarten. »Eine verheißungsvolle weiße Rebsorte für uns, weil sie im Geschmack dem weißen Sauvignon gleicht, aber viel spätere Erntezeiten hat.« Ein paar Reihen weiter finden wir den Tinto Cão, eine portugiesische Weinsorte, laut ersten Mikroanalysen van Leeuwens ein Kandidat für den Bordeaux der Zukunft.

Gleich gegenüber steht ein Treibhaus, das man nur mit desinfizierten Plastikschuhen betreten darf – hier experimentieren die Wissenschaftler mit gentechnisch veränderten Sorten. Nichts wollen die Forscher unversucht lassen, um mit ihrem Wein dem Klimawandel zu begegnen. In abgeschirmten Laboratorien werden die Gene von Weinsorten identifiziert, die den Zucker- und Säuregehalt oder die Hitzebeständigkeit der Pflanze bestimmen. »Wir können damit das Gen der einen Weinsorte in eine andere überführen oder in einen Tomatensetzling einbauen, um seine Wirkung zu testen«, erläutert Institutsdirektor Serge Delrot. Tomaten würden schneller wachsen und Früchte tragen – sie seien vorzügliche Versuchspflanzen.

Mikrobiologe Delrot mit gentechnisch veränderten Weinpflanzen im Labor.

Diese Arbeit stößt nicht überall auf Verständnis. Zwei Freilandversuche wurden bereits von Gentechnikgegnern zerstört – und damit mehrere Jahre Forschungsarbeit. Derzeit wachsen die Versuchspflanzen ausschließlich im Treibhaus, sodass kein Pollen hinein- oder herausdringen kann. Jedenfalls lässt es sich der französische Staat einiges kosten, um den Bordeaux zu retten. Undenkbar, dass eine Region wie Saint-Émilion den Kampf gegen Hitze und Wasserknappheit verliert und nur noch ein minderwertiges Produkt vorweisen kann – doch es bleibt eine Herausforderung. Während durch steigende Temperaturen weltweit neue Weinanbauregionen hinzukommen, haben die Bordeauxweine einen Ruf zu verlieren. Um zu verhindern, dass in hundert Jahren alle zur »Degustation« in chinesische Weingebiete pilgern, werfen die Forscher alles in die Waagschale.

Der Weinbauer Remi Couppé bleibt skeptisch. »Wenn wir in die Bretagne gehen müssen, um unseren Saint-Émilion anzubauen, können wir von vorn anfangen – es wäre eine Katastrophe.« Neue oder gar gentechnisch veränderte Rebsorten müssten sich erst bewähren. Und das brauche Zeit, weil neue Reben erst nach fünf Jahren verwertbare Trauben tragen. »Den Klimawandel nimmt niemand auf die leichte Schulter, dessen Einkünfte unmittelbar vom Wetter abhängen«, sagt Couppé und schaut besorgt zum Himmel. Während sich die Touristen in Saint-Émilion über das milde Herbstwetter freuen, fürchtet er sich vor einem warmen Winter und einem noch wärmeren Sommer. Auch Extremwetter wie Hagel und Frost im Frühjahr haben ihm und seiner Tante in den vergangenen Jahren immer wieder Teile der Ernte vernichtet. »Wir können unsere

Reben ja nicht großflächig in Plastik einhüllen oder mit einem riesigen Dach überdecken«, meint Couppé. »Anders als die Leute in klimatisierten Büros in den Städten sind wir den Launen der Natur schutzlos ausgeliefert.«

FRANKREICH IN DATEN

CO_2-Ausstoß pro Kopf:
5,75 Tonnen (2010)

Weltklimaabkommen:
Ratifiziert am 5. Oktober 2016

Klimaziel 2030:
Die EU und ihre Mitgliedsstaaten
haben sich verpflichtet, bis 2030
mindestens 40 Prozent ihrer
Treibhausgasemissionen gegenüber
1990 zu reduzieren.

Anteil von erneuerbaren Energien
im Energiemix:
8,5 Prozent 2015

Abhängigkeit von fossiler Energieerzeugung:
Über 90 Prozent fossile Brennstoffe.
Die Atomenergie hat einen Anteil von
43 Prozent der Energieerzeugung.
Insgesamt müssen 46 Prozent des
fossilen Energiebedarfs von Öl, Gas
und Kohle importiert werden.

Bevölkerungswachstum:
Anstieg von 66,8 Millionen im Jahr
2016 auf 70,6 Millionen im Jahr 2050

Pkw pro Einwohner (2015):
480 Autos pro 1.000 Einwohner

Deutschland
Wie das Watt sich wandelt

Der Intercity rollt auf dem Bahnsteig in Norddeich-Mole ein. Endstation. Über die steilen Treppchen des Zuges steigen Familien, Rentnergruppen und Wochenendausflügler, um mit ihren Rollkoffern eilig in Richtung Fähre zu hasten. Jährlich bringt sie rund eine halbe Million Feriengäste nach Norderney. Die Kurhäuser, Pensionen und Restaurants liegen dicht gedrängt hinter einem Betondeich an der Westküste der Nordseeinsel. Auf dem Deich kann man spazieren gehen oder Fahrrad fahren, vor ihm liegt ein traumhafter Sandstrand, schön wie aus dem Katalog.

Was für Urlauber romantisch ist, stellt für die Insulaner seit jeher eine Bedrohung dar. Und für den niedersächsischen Küstenschutz ist die Sicherheit der kleinen Touristenhochburg mittlerweile eine Herausforderung. Um die Insel vor steigendem Meeresspiegel, Sturmfluten und Erosion zu schützen, schütten die Behörden Sand an die Strände. In Norderney waren das in den vergangenen Jahren rund 250.000 Kubikmeter. Zusätzlich schützen Ufermauern und sogenannte Schutzdünen vor Überflutung. Sie sollen die Idylle erhalten. »Ohne diese Maßnahmen würden diese Inselbereiche fortschreitender Erosion ausgesetzt und müssten letztlich aufgegeben werden«, erklärt Achim Stolz von der niedersächsischen Küstenschutzbehörde. Er gibt sein Bestes, um die kleine Stadt auf Norderney zu schützen. Der Deich an der Westküste ist heute sieben Meter hoch und muss schon bald um sechzig Zentimeter erhöht werden.

Der Klimawandel nagt an der Insel. Jedes Jahr steigt das Meer dort um rund zwei Millimeter, an einigen Stellen sogar fast vier Millimeter. Laut Klimaforschern hat sich der Anstieg in den letzten Jahrzehnten beschleunigt. Im gesamten vergangenen Jahrhundert waren es an der Nordseeküste durchschnittlich 20 bis 30 Zentimeter. Stürme wie der Orkan »Xaver« im Jahr 2013 könnten mit fortschreitendem Klimawandel häufiger und intensiver werden.

Zwar werde die Insel in den nächsten 50 Jahren nicht untergehen, glaubt Gregor Scheiffarth von der Nationalparkverwaltung Wattenmeer. Aber man könne die Deiche nicht unendlich aufstocken. »Wenn innerhalb von 100 Jahren der Meeresspiegel um weitere anderthalb Meter steigt, haben wir irgendwann die Grenzen des Machbaren erreicht.« So geht der letzte Weltklimabericht von rund einem Meter bis 2100 aus, neuere Studien beobachten weltweit einen immer schnelleren Anstieg.

Scheiffarth steht mit seinem Fahrrad auf einem Deich, etwas abseits des Touristenrummels. »Der Schutz der Menschen steht an oberster Stelle. Jedoch führt die Sicherung der Küstenlinie zu einer verstärkten Erosion des davorliegenden Strandes«, erklärt er das Dilemma des Küstenschutzes. Baue

Gregor Scheiffarth vor einer Salzwiese an der Küste von Norderney.

man die Deiche höher und breiter, gebe es davor weniger Überschwemmungsland, auf dem die Wellen brechen können. Ein schleichender Prozess setzt ein: Die Form der Sandbänke verändere sich, es gebe mehr Erosion, die Fluten würden heftiger und unberechenbarer. Meist seien sogenannte Salzwiesen vorgelagert, die als Schwamm und Wellenbrecher fungieren. Doch durch die Zubetonierung der Küste kann dieser Schutzraum sich nicht vergrößern und mit dem steigenden Meeresspiegel mitwachsen.

Die Nationalparkverwaltung setzt deshalb auf natürliche Überschwemmungsprozesse, bei denen die Wellen Sedimente und Sand an Land spülen. Bei einem großflächigen Deichbau ist das aber nicht möglich – die Wellen brechen sich am Beton und tragen den wertvollen Sand in andere Teile des Meeres weiter. In den unbewohnten Gegenden von Norderney ist man mittlerweile zum natürlichen Hochwasserschutz zurückgekehrt und bewässert Salzwiesen wieder, die vorher trockengelegt wurden, um sie als Weideland zu nutzen.

Während die Touristen und Einwohner noch relativ wenig vom Klimawandel spüren, hat das Watt – vor Norderney ein UNESCO-Weltnaturerbe – schon längst begonnen, sich zu wandeln. »Das Ökosystem ist wie ein großes Netz. Wenn man beginnt, an einem Ende Maschen zu ziehen, geht das eine Weile gut, aber irgendwann ist der Punkt erreicht, wo das gesamte Netz kollabiert«, warnt die Leiterin des Wattenmeer-Nationalparkhauses Sonja Wolters. »Und Klimawandel und invasive Arten sind die Maschen, die wir ziehen.«

Das Nationalparkhaus liegt gleich gegenüber des Norderneyer Fährhafens. Wolters versucht mit Ausstellungen und Wanderungen aus der Insel mehr zu machen als nur ein Urlaubsparadies. Je mehr die Menschen über die Verwundbarkeit der Natur wüssten, umso sorgfältiger würden sie auch mit ihr umgehen. »Viele Städter kommen hier das erste Mal richtig in Kontakt mit der Natur«, so Wolters. Hinter der Strand-und-Sonne-Idylle gebe es ein sensibles Ökosystem, das mittlerweile durch viele Einflüsse bedroht ist.

»Wenn wir nach Norderney fahren und auf Gischt und Wellen schauen, sieht alles ganz normal aus«, erklärt Meeresbiologe Scheiffarth. »Die Zeichen mehren sich aber, dass es in den nächsten hundert Jahren nie da gewesene Veränderungen geben wird.« Man könnte das für die Warnungen eines übereifrigen Umweltschützers halten. Aber Gregor Scheiffarth ist kein besonders alarmistischer Mensch – eher ein bedächtiger Wissenschaftler, der jedes Wort genau abwägt. Der Mittfünfziger arbeitet seit Jahren für den Nationalpark, betreut Studien und schreibt Zustandsberichte über das Wattenmeer. Wenn einer weiß, wie es um das Wattenmeer steht, dann er.

Grund für seine Befürchtungen sind die gestiegenen Temperaturen: Laut den Daten der Wetterwarte Norderney stiegen in den Winter- und Frühjahrsmonaten sowie im Hochsommer die Mitteltemperaturen der Luft seit 1960 um durchschnittlich ein Grad an. Ähnlich sieht es bei den Wassertemperaturen aus.

Auch die Jahreszeiten hätten sich verschoben: »Das Schlimmste ist die Beständigkeit der Unbeständigkeit«, erklärt Frank Kahl von der Wetterwarte Norderney. Er schiebt seinen Dienst auf der kleinen Wetterstation am Weststrand der Insel schon seit 30 Jahren. Ein stabiles Russlandhoch und eine Ostwindlage hätten die Winter früher »knackekalt« gemacht und auch mal für Eisschollen gesorgt. »So was ist wirklich selten geworden«, meint Kahl.

Durch die höheren Wassertemperaturen tauchten plötzlich Quallenarten wie die Meerwalnuss auf, eine Rippenqualle, die es noch vor wenigen Jahren kaum in der Nordsee gab. Derzeit würden jedes Jahr rund zwei neue Arten ins Wattenmeer einwandern. »Man kann nie wissen, ob diese Arten sich integrieren oder einheimische verdrängen«, erklärt Scheiffarth.

Einer der Gewinner des Klimawandels ist die pazifische Auster – ebenfalls eine invasive Spezies. War das Wasser in der Nordsee für die Fortpflanzung dieser Muschelart früher viel zu kalt, kleben die Schalentiere mittlerweile in jedem Ha-

Pazifische Austern im Hafenbecken von Norderney.

fenbecken. Auf ihr siedeln andere eingewanderte Arten wie die Gespensterkrabbe und der Beerentang. »Die Gefahr dabei ist, dass wir regionale Spezifika verlieren«, warnt Scheiffarth. »Die Küsten könnten irgendwann sehr einheitlich aussehen, weil einige dominante Arten sich überall durchsetzen.« Verlierer seien auch Vögel wie die Eiderente, die nicht mehr an die Miesmuscheln herankommen, die nun zwischen den dicken Schalen der Austern wachsen.

Auch höhere Fluten durch den Meeresspiegelanstieg erhöhen nicht nur den Druck auf die Deiche, sie bedrohen auch im Frühjahr brütende Vögel: Vermehrte Sommersturmfluten überschwemmten Nester, die nahe am Dünenrand liegen oder in tief gelegenen Bereichen der Salzwiesen, erklärt der Biologe.

»Der Klimawandel ist da und agiert im Hintergrund […]. Weltweit betrachtet, sind die größten Verursacher des Artenschwundes die Fischerei und die Landnutzung.« Spuren von Düngeresten von den Äckern auf dem Festland und intensive Fischerei könnten in den nächsten Jahrzehnten zusammen mit den wärmeren Temperaturen zu einem gefährlichen Cocktail für das Watt werden. Nationalparkführerin Wolters ist pessimistisch: »Ich befürchte, dass die Folgen des Klimawandels und der Umweltgifte in Zukunft exponentiell zunehmen – was wir heute sehen, ist erst der Anfang.« Umso wichtiger sei es, sehr bald umzusteuern – beim Ausstoß von Treibhausgasen genauso wie bei der industriellen Landwirtschaft: »Auch wenn wir die Veränderungen noch nicht spüren: Wenn alle Maschen im Netz unseres Ökosystems gezogen sind, dann spürt auch der Mensch auf Norderney die Folgen – dann wird es allerdings zu spät sein.«

DEUTSCHLAND IN DATEN

CO_2-Ausstoß pro Kopf:
9,40 Tonnen (2013)

Weltklimaabkommen:
Ratifiziert am 5. Oktober 2016

Klimaziel 2030:
Die EU und ihre Mitgliedsstaaten haben sich verpflichtet, bis 2030 mindestens 40 Prozent ihrer Treibhausgasemissionen gegenüber 1990 zu reduzieren.

Anteil von erneuerbaren Energien im Energiemix:
36 Prozent (2017). Allerdings beträgt der Anteil am Endenergieverbrauch nur rund 15 Prozent, da die Zahlen in Verkehr und Wärmesektor im Jahr 2017 rückläufig waren. Das Ziel von 18 Prozent bis 2020 wird wahrscheinlich verfehlt.

Abhängigkeit von fossiler Energieerzeugung:
Beim Primärenergieverbrauch liegt Mineralöl mit 34 Prozent ganz vorn, gefolgt von Erdgas mit 23,7 Prozent. Stein- und Braunkohle liegen bei jeweils 11 Prozent. Die Importabhängigkeit von fossilen Energieträgern (Steinkohle, Uranium, Mineralöl, Erdgas) lag 2017 bei 70,4 Prozent.

Bevölkerungsentwicklung:
Rückgang von 82,3 Millionen 2016 auf 79,2 Millionen im Jahr 2050

Pkw pro Einwohner (2015):
552 Autos pro 1.000 Einwohner

Griechenland
Mit Energie aus der Krise*

Als Erzbischof Irenäus seinen Segen gibt, liegt eine vorsichtige Aufbruchstimmung im Saal der Or-
thodoxen Akademie von Kreta.
Kolymbari, ein verschlafener Ort,
gut 20 Kilometer von der Hafen-
stadt Chania entfernt: Hier befindet sich die Akademie, ein
uraltes Kloster mit angeschlossenem Konferenzzentrum und
Blick auf die tiefblaue See und die verschneiten Berge. Von
hier aus soll ein Signal zum Wandel ausgehen, für Kreta und
ganz Griechenland. Gerade haben die Anwesenden die Gründung der dritten Energiegenossenschaft des Landes beschlossen. Wir schreiben das Jahr 2015: Die Wahl der linken Syri-
za-Regierung hat großes Aufsehen erregt. Wirtschaftlich steht
das Land am Abgrund.

Aber die Gründer der Energiegenossenschaft schauen in
die Zukunft. Ihre Mitglieder – Gemeindevertreter, Wissen-

* Die ursprüngliche Fassung dieses Artikels erschien am 10. Juni 2015 bei *ZEIT
Online*.

schaftler, Ingenieure und Umweltschützer – wollen für ihren Strom nicht länger teuren Diesel importieren, sondern heimische Ressourcen nutzen, am besten dezentral und zusammen mit allen Kretern. Der Bischof unterzeichnet als Erster die Gründungsakte.

Sogar der griechische Wirtschaftsminister Giorgos Stathakis ist anwesend. Warum engagiert er sich für die Genossenschaft? »Was denken Sie? Wir sind Syriza!«, antwortet er. »In diesen Krisenzeiten finden wir es wichtig, alle sozialen Initiativen zu unterstützen.« Seine Regierung wolle Wachstum nicht durch Privatisierungen erreichen, sondern durch lokale, dezentrale Strukturen, wie sie hier in Kolymbari gerade geschaffen werden. Den Bürgern des Ortes verspricht der Minister unbürokratische Unterstützung. Viele sind noch skeptisch. Aber die Gründer der Genossenschaft fühlen sich durch seinen Besuch bestärkt.

»Wir brauchen dringend mehr wirtschaftliche Entwicklung, und die kommt nicht von allein«, sagt auch Vasilis Bellis, Direktor der ersten Biomassekooperative in Karditsa, einer Stadt auf dem Festland, 200 Kilometer südlich von Thessaloniki. Es sei derzeit fast unmöglich, private Anleger oder Investoren nach Griechenland zu locken. »Deshalb müssen wir selbst handeln!«

Für die Griechen ist das alles neu. Energie wird hier bisher so gut wie gar nicht dezentral und selbstorganisiert produziert: Während es in Deutschland rund 1.000 Bürgerenergiegenossenschaften gibt, sind es in Griechenland nur drei. Zentralistische Großprojekte dominieren die Energieversorgung im Land, auch bei Wind und Sonne.

Der griechische Wirtschaftsminister Giorgos Stathakis zwischen kretischen Geistlichen: »Wir sind Syriza«.

Ein Beispiel ist das Projekt Helios. Vor Jahren schwärmten bei hochrangigen internationalen Treffen griechische und deutsche Diplomaten von den enormen Möglichkeiten, die Wind- und Sonnenenergie für Griechenland böten. Die erneuerbaren Energien könnten hohe Gewinne abwerfen, wenn die Investitionen sich erst einmal amortisiert hätten. Das klingt logisch, scheint in Griechenland doch an rund 250 Tagen im Jahr die Sonne.

Helios sollte der größte Solarpark Europas werden und darüber hinaus der angeschlagenen Wirtschaft wieder auf die

Beine helfen, zum Beispiel durch Stromexporte nach Deutschland. Auch der damalige EU-Energiekommissar Günther Oettinger begeisterte sich für die Idee. Drei Jahre später aber ist es still geworden um das vermeintliche Wunderprojekt. Von Helios hat man nicht mehr viel gehört.

»Zum Glück!«, konstatieren die Gründer der Kreter Energiegenossenschaft. Sie wollen keinen Strom exportieren, sondern den einheimischen Bedarf decken – wenn möglich, aus erneuerbaren Quellen. Die Vorstellung, dass die Insel mit Windparks zugepflastert werden könnte, um damit deutsche Haushalte zu versorgen, ist für viele hier in Kolymbari kein schöner Gedanke. Manche der Windkraftgegner begegnen auch der neuen Genossenschaft mit Misstrauen. Sie wollen nicht glauben, dass es ihren Mitgliedern nicht um Exporte geht.

Die Initiative will diese Sorgen ausräumen, indem sie die Bürger beteiligt. Sie möchte keine Windparks, sondern einen Strommix aus Wind, Sonne und Biomasse, der die Gemeinden der Insel versorgt. Denn alles andere zerstöre Kretas wertvollstes Gut, sagen ihre Mitglieder: seine einzigartige Landschaft – und damit den Tourismus.

Bedarf an erneuerbarer Energie gibt es allemal: Kreta verbraucht als fünftgrößte Insel im Mittelmeer immerhin an die drei Gigawattstunden Strom jährlich, die vor allem aus fossilen Energieträgern wie Diesel hergestellt werden. Windenergie kommt derzeit auf einen Anteil von 18 Prozent der Stromerzeugung.

Doch die regionale Energiepolitik hat die Eigenversorgung bisher nicht im Blick. Stattdessen plant sie tatsächlich für den Export und will Unterseekabel von Kreta aus zum griechischen Festland verlegen oder nach Zypern und von dort aus weiter nach Israel. Nach diesen Plänen könnte Kreta tatsächlich zum Energieproduzenten und Verteilerpunkt für die Versorgung des östlichen Mittelmeerraums werden.

Die Vision vom dezentralen Bürgerstrom teilen sich die Kreter mit den Bewohnern der Ägäisinsel Sifnos 300 Kilometer weiter nördlich. Sifnos ist nur durch eine siebenstündige Bootsfahrt zu erreichen. Außerhalb der Saison wird die kleine Insel nur dreimal pro Woche angefahren. Es ist die Zeit, in der die 2.500 Einwohner jeden Wanderer mit Namen grüßen. Im Frühjahr sind die Cafés im Hafen noch leer, die Liegestühle unter den Strohschirmen verwaist.

Hier hat Apostolo Dimopoulos mit Freunden die zweite Energiekooperative Griechenlands gegründet. Dimopoulos besitzt auf Sifnos eine gut laufende Reiseagentur. Er liebt seine Insel, und er sorgt sich um die Idylle. Deshalb gründete er die Genossenschaft.

80 Mitglieder haben sich ihr bereits angeschlossen. »Wir haben uns viel gestritten, aber mittlerweile haben wir es geschafft, zusammen etwas auf die Beine zu stellen«, sagt Dimopoulos lachend. Wenn er aber über seinen Traum spricht, wird er schnell ernst. In Zukunft soll Sifnos ausschließlich mit erneuerbarer Energie aus Wind und Sonne versorgt werden. Groß ist der Bedarf der Insel nicht. Im Winter reichen zwei Megawatt Kraftwerksleistung aus. Im Sommer sind acht Megawatt notwendig, weil dann jede Woche bis zu 12.000 Touristen mitversorgt werden müssen.

Einfach wird es nicht werden, die Vision des Touristenführers durchzusetzen. »Allein die Gründung der Energiegenossenschaft hat wegen der Bürokratie viel Kraft gekostet«, schimpft Dimopoulos. »Wie das erst wird, wenn wir hier anfangen, unsere Energieversorgung auf den Kopf zu stellen, mag ich mir gar nicht vorstellen.« Im Moment erlaube das griechische Recht noch gar keine Vollversorgung aus erneuerbaren Energien. Um überhaupt eine Chance zu haben, müsse seine Kooperative zum europäischen Pilotprojekt werden.

Die Pläne der Genossen sind ambitioniert: Damit die Schwankungen im Netz, die Wind und Sonne mit sich bringen, nicht die Versorgung der Insel gefährden, wollen sie einen Stausee zum Pumpspeicherwerk umfunktionieren. Doch bevor sie damit beginnen, fangen sie erst einmal klein an. Drei traditionelle Windmühlen wollen sie mit Turbinen ausstatten und so Strom erzeugen. Früher gab es ein paar Dutzend davon auf der Insel, weniger als zehn sind heute übrig. Dimopoulos führt seine Besucher gern zu einem der letzten traditionellen Windmüller, der auf einer Hochebene eine alte Mühle restauriert hat. Stolz demonstriert der kauzige Besitzer die Mahlsteine und das hölzerne Mahlwerk. »Das Nutzen von natürlichen Ressourcen ist keine neue Erfindung«, belehrt der Windmüller. Und auch der Genossenschaftler Dimopoulos nickt wissend. »So gesehen, ist es reichlich absurd, dass wir jede Woche Dieselfässer vom Festland geliefert bekommen, wenn wir uns doch auch sehr gut allein behelfen können.«

»Wir wollen unseren Einwohnern zeigen, dass erneuerbare Energie nicht nur ökologisch, sondern auch wirtschaftlich sinnvoll ist«, sagt Dimopoulos. Zwar müsse man erst mal Arbeit und Geld investieren, aber längerfristig sei der einzig sinnvolle Weg aus der Krise, sein Schicksal selbst in die Hand zu nehmen. Und irgendwann, hofft Dimopoulos, könnte seine Genossenschaft in ein Solarboot investieren. Dann kämen noch mehr Touristen, denn die Insel wäre besser erreichbar. Und das alles, ohne ein Gramm CO_2 auszustoßen. Bis es so weit ist, muss er allerdings noch viele Köpfe von seiner Idee überzeugen.

GRIECHENLAND IN DATEN

CO_2-Ausstoß pro Kopf:
6,84 Tonnen (2013)

Weltklimaabkommen:
Ratifiziert am 14. Oktober 2016

Klimaziel 2030:
Die EU und ihre Mitgliedsstaaten haben sich verpflichtet, bis 2030 mindestens 40 Prozent ihrer Treibhausgasemissionen gegenüber 1990 zu reduzieren.

Anteil von erneuerbaren Energien im Energiemix:
11,7 Prozent Wind, Sonne und Biomasse 2015

Abhängigkeit von fossiler Energieerzeugung:
Den größten Anteil am Energiemix hat Mineralöl mit über 50 Prozent. Das Land importiert große Mengen Steinkohle sowie Erdgas und Mineralöl.

Bevölkerungsentwicklung:
Rückgang von 10,9 Millionen im Jahr 2016 auf 9,7 Millionen im Jahr 2050

Pkw pro Einwohner (2015):
471 Autos pro 1.000 Einwohner

Finnland

Warum der Schnee sich ändert*

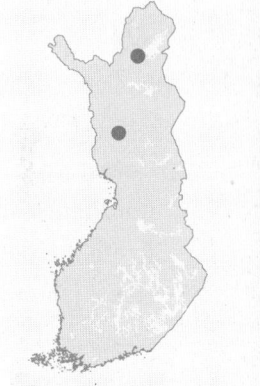

Osmo Seurujärvi ist jeden Tag bis zu 14 Stunden in der Wildnis. Bevor er zur Arbeit geht, setzt der Rentierzüchter eine Fellmütze auf, schlüpft in seinen blauen Thermooverall und zieht Elchlederschuhe an – die halten am besten warm. Dann setzt er sich auf seinen Motorschlitten. Mit seinen beiden Skiern an der Front düst er bis zu 80 Stundenkilometer schnell durch verschneite Fichten- und Birkenwälder und über vereiste Seen. Wie jeden Morgen sucht er seine Rentierherden, die er mithilfe von GPS-Sendern ortet.

Ende Februar liegen vor seinem Haus noch gut anderthalb Meter Schnee, das Thermometer zeigt minus zehn Grad. »Schnee ist für uns nicht gleich Schnee«, erzählt der Rentierzüchter, während der Motor des Schlittens aufbrummt. »Wir kennen all seine Arten und seine unterschiedlichen Formen und Zustände – doch seit einigen Jahren hat sich der Schnee

---

* Dieser Text ist in Zusammenarbeit mit Klaus Betz entstanden. In seiner ursprünglichen Fassung erschien er am 11. April 2017 in der *Frankfurter Rundschau*.

verändert.« Wenn Osmo Seurujärvi vom Schnee erzählt, wirkt er besorgt, weil er von einem neuen, einem ungewohnten Schnee spricht; einem Schnee, der es den Rentieren schwer macht, mit ihren Hufen die wichtigste Winternahrung freizulegen: Moose und Flechten.

Für ihn, seine Familie und seine Vorfahren war Schnee schon immer eine ernste Angelegenheit. Sie gehören zu den Samen – dem letzten indigenen Volk in ganz Europa. Seit Generationen lebt die samische Familie in der Abgeschiedenheit, unweit von Inari, dem Zentrum der samischen Kultur am nordfinnischen Inarisee. Seit jeher besitzen die Seurujärvis Rentierherden, dank deren sie draußen in der Wildnis überleben konnten. Der knapp sechs Monate währenden Winterzeit – nach samischer Definition in Herbstwinter, Winter (Dunkelzeit) und Frühlingswinter unterteilt – folgt meist ein kurzer Frühling, der nahezu übergangslos in den drei Monate langen und taghellen Sommer mündet. Es ist die Zeit, in der die im Mai geborenen jungen Rentierkälber aufwachsen und durch besondere Einschnitte am Ohr markiert werden. Dadurch erkennt man stets, welcher Familie der Weidegemeinschaft der jeweilige Nachwuchs gehört. Auch diese Saison ist bei den Samen dreigeteilt: in Frühlingssommer, Sommer und Herbstsommer; ihm folgt der Herbst, der in den Herbstwinter übergeht. Nicht zu Unrecht also gelten die Sámi als das Volk mit den acht Jahreszeiten.

Überlebt haben Seurujärvis Vorfahren, weil sie mit der Natur lebten und von ihr lernten. Bevor sich Rentierbesitzer Osmo auf eine stundenlange Reise zu seiner Herde begibt – früher auf Skiern, heute mit dem Motorschlitten –, muss er

Der Inari-See in Lappland liegt rund 250 Kilometer nördlich des Polarkreises.

wissen, ob ein Schneesturm kommen könnte, ob es kalt bleibt, ob es taut und ob das Eis auf den Seen brüchig geworden ist. Leichtsinn und Nachlässigkeit können schnell lebensgefährlich werden.

»Die Winter sind heutzutage viel wärmer«, ist der Rentierhalter beunruhigt. »Dadurch taut der Schnee bei milderen Temperaturen und wird anschließend, sobald es wieder kälter wird, steinhart.« Die Konsistenz von Schnee ist für Samen wie ihn ein offenes Buch: Er liest daran die Wetterverhältnisse ab. Doch auch die Vorhersagen sind schwieriger geworden. Auf das Wetter ist kein Verlass mehr. In der samischen Sprache gibt es unzählige Wörter, um Schnee und seine speziellen Eigenschaften zu beschreiben – angeblich bis zu 300. Immer häufiger gibt es in der Region *gaska-skárta,* was eine harte (Eis-)Kruste des Oberflächenschnees bezeichnet. Beim Laufen durch den Schnee knirscht es lauter als bei Pulver- oder Neuschnee. »Der harte Schnee ist nicht nur für die Rentiere schlecht, er erschwert auch die Fortbewegung der Menschen«, erklärt Bruce Forbes, Forscher an der Universität Lappland in Rovaniemi. Der Geograf hat das Rentiersterben in verschiedenen Ländern untersucht und kam zu einer traurigen Erkenntnis: »Weil der Schnee im Winter durch die unregelmäßigen Wetterbedingungen immer wieder taut und dann gefriert, bildet sich eine Eiskruste auf der Erde, und die Tiere kommen nicht mehr an die Moose und Flechten heran.«

Zwar habe es dieses Phänomen schon in der Vergangenheit gegeben, aber die Häufigkeit des »Eisschnees« habe deutlich zugenommen, so Forbes. Ursache der Warmperioden sei die sogenannte positive Nordatlantische Oszillation, über die milde, feuchte Luft – resultierend aus einem Azorenhoch und einem Tief über Island – nach Europa transportiert werde. Diese Wetterlage gab es früher in Nordeuropa im Winter nur in Ausnahmefällen – nun entsteht sie regelmäßig. Für Bruce Forbes ein klares Zeichen für die beginnende Klimaveränderung in der arktischen Region. Von ihrer Geschwindigkeit sind selbst die Wissenschaftlicher überrascht: Die Natur verändert sich schneller, als die Studien es prognostizierten.

An Baumringen lassen sich auch die Wetterverhältnisse der vergangenen Jahre gut ablesen: »Unsere Messungen decken sich mit den Beobachtungen der Rentierzüchter: Sträucher und Bäumchen wachsen schneller, und ihre Stämme werden dicker.« Die Natur reagiere damit auf die Erwärmung um durchschnittlich zwei Grad, die in der Arktis bereits heute der Normalzustand ist. »Das Klima wandelt sich in der Arktis schneller als in anderen Regionen«, betont Forscher Forbes. »Die Winter kommen später, und der Frühling beginnt früher.«

Für die Rentierzüchter bedeuten das schnelle Holzwachstum und die dickeren Stämme, dass sie andere Routen nehmen müssen. Die Herden laufen dicht gedrängt und passen nicht durch enger stehende Baumgruppen. Auch auf die Kompaktheit der Schneedecke hätten die dicken Stämme einen Einfluss. Um Stämme herum taue es schneller, und so entstehe eine lückenhafte Schneedecke. Ist die Oberfläche des Schnees erst mal durchlöchert, schmelze der Schnee auch an anderen Stellen schneller, meint der Arktisforscher. Das könne wiederum die Vereisung des Schnees noch verstärken, wenn es nach einer warmen Periode plötzlich einen Temperatursturz gebe. Hinzu kämen im Sommer häufigere Insekten- und Mückenplagen, die den Rentieren zusetzten. Auch viele Schädlinge überlebten mittlerweile den Winter. Um die Larven der Schädlinge abzutöten, müssten die Temperaturen mehrere Tage lang unter 36 Grad minus fallen, so Forbes. In den vergangenen Jahren kam das nur noch selten vor.

»Den Klimawandel haben wir viel früher als die Wissenschaftler bemerkt«, sagt Liisa Holmberg, Rektorin der Sami-Schule in Inari. »Unsere Rentierfarmer beobachten seit Längerem, dass der natürliche Ablauf gestört ist. Wenn im Frühsommer die Rentierkälber mit der Herde unterwegs sind, essen sie normalerweise die jungen Triebe der Bäume und Sträucher – doch wenn die Natur zu früh austreibt, sind die Blätter schon zu groß für die Rentierbabys.« Wenn wiederum der Winter nicht rechtzeitig kommt und die Seen nicht zufrieren, seien die Wanderrouten der Rentiere blockiert. Die Rektorin ist nicht nur eine engagierte Schulleiterin, sondern auch Bewahrerin der samischen Sprache und ihrer Traditionen.

Rentierzüchter Seurujärvi bei der Fütterung seiner Tiere.

Denn auch wenn die rund 10.000 finnischen Samen mittlerweile nicht mehr in Zelten, sondern in befestigten Häusern leben, an das landesweite Stromnetz angeschlossen sind, über einen Internetzugang verfügen und den Zug ihrer Rentiere mittels Satellitennavigation verfolgen können – viele Sámi sehen sich nicht als Finnen.

Mit der Zivilisation kamen auch die Vereinnahmung und der Druck auf den traditionellen Lebensraum der Sámi, die ihr angestammtes Land als »Sápmi« oder als »Same Ätnam« bezeichnen. Hinzu kommt, dass in Finnland – im Unterschied zu Schweden und Norwegen – auch Nicht-Sámi Rentiere züchten dürfen, was die Weideräume noch mehr einengt, weil zu viele Rentiere auf zu engem Raum gezüchtet werden. Gleichzeitig greifen auch noch die Forstwirtschaft und der Abbau von gefragten Mineralien (Gold, Nickel) immer stärker in den Lebensraum der Sámi ein. Und bis heute hat Finnland das internationale ILO-Abkommen 169 nicht unterschrieben. Es dient weltweit dem Schutz und den Rechten der indigenen Bevölkerung.

Lange kämpften die Sámi dafür, dass es samische Schulen gibt, so Liisa Holmberg, in denen die Sprache, die Musik, das Kunsthandwerk und das Erfahrungswissen zur Rentierzucht gelehrt und weitergegeben werden. Doch wenn der Klimawandel die Rentierwirtschaft gefährdet und sich das empfindliche Ökosystem in Lappland verändert, dann kann es sein, dass ein Rentierzüchter wie Osmo Seurujärvi seinen Motorschlitten stehen lassen muss und seine Rentiere allenfalls noch für eine touristische Schlittenfahrt verwenden kann. Die Traditionen würden nicht mehr gelebt, sondern zur Show für Touristen. Wie im Santa Claus Village in Rovaniemi. Der Weihnachtsmann, so behauptet es zumindest die finnische Tourismuswerbung, wohne ja bekanntlich in Lappland.

FINNLAND IN DATEN

CO$_2$-Ausstoß pro Kopf (2013):
9,21 Tonnen

Weltklimaabkommen:
Ratifiziert am 14. November 2016

Klimaziel 2030:
Die EU und ihre Mitgliedsstaaten haben sich verpflichtet, bis 2030 mindestens 40 Prozent ihrer Treibhausgasemissionen gegenüber 1990 zu reduzieren.

Anteil von erneuerbaren Energien im Energiemix:
33 Prozent (2015)

Abhängigkeit von fossiler Energieerzeugung:
Größter fossiler Energieträger ist Erdöl (27 Prozent), gefolgt von Atomenergie (18 Prozent). Fast alle fossilen Energieträger wie Erdöl, Erdgas und Steinkohle werden importiert.

Bevölkerungsentwicklung:
Anstieg von 5,5 Millionen im Jahr 2016 auf 5,9 Millionen im Jahr 2050

Pkw pro Einwohner (2015):
476 Autos pro 1.000 Einwohner

Von Kirkenes nach Schanghai

Der neue Arktische Korridor*

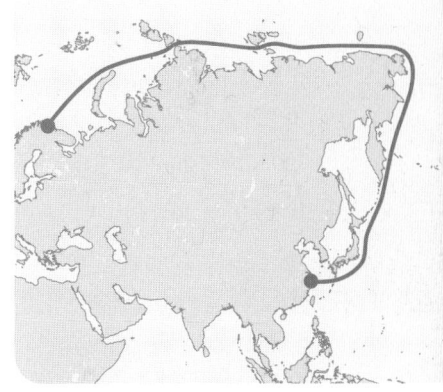

Timo Rautajoki leitet die nörd-
lichste Handelskammer der EU.
Sein Büro im Zentrum der finnischen Kleinstadt Rovaniemi
liegt 700 Kilometer südlich des
Nordkaps, 800 Kilometer nördlich der Hauptstadt Helsinki
und mehr als 2.500 Kilometer von Brüssel entfernt. Dass er
weitab vom Schuss ist, stört den Anfang 60-Jährigen wenig.
Er liebt die Kälte und die schier endlose Wildnis der Arktis.
Trotzdem fühlt sich Rautajoki im Stich gelassen. Denn weder
die finnische Regierung noch die Europäische Kommission
wollen ihm zuhören. Seit 20 Jahren kämpft der Finne für den
Traum einer arktischen Eisenbahnstrecke, die Europa mit der
Barentssee und einer Handelsroute nach Asien, der berühmten Nordostpassage, verbinden soll.

---

* Die ursprüngliche Fassung dieses Artikels erschien am 26. April 2017 in *Der Freitag*.

»Die EU macht nichts aus der Arktis«, beschwert sich Rautajoki. Seine Stadt Rovaniemi, so findet er, hat das Zeug dazu, das »Tor zur Arktis« zu werden, das jedes Jahr Abermillionen Tonnen asiatische und europäische Gebrauchswaren, aber auch Öl und andere wertvolle Rohstoffe passieren könnten. Das kleine Handelskammerbüro würde zu einem gläsernen Hochhaus, in dem internationale Wirtschaftsvertreter sich die Klinke in die Hand gäben. Das 60.000-Einwohner-Städtchen Rovaniemi wäre dann nicht mehr Hinterland, sondern ein globaler Handelsplatz, dessen Namen in Brüssel und Helsinki keiner mehr so schnell vergäße.

Doch bisher ist Rovaniemi nur eine Endstation. Von hier aus geht es nur noch per Straße in den Norden. Hinter dem gelben Bahnhofsgebäude an der Stadtgrenze stehen Busse, die Reisende nach Ivalo, Inari oder Utsjoki an der finnisch-norwegischen Grenze bringen. Die Idee einer Eisenbahn von Rovaniemi bis zum norwegischen Barentsseehafen Kirkenes ist bisher nichts als ein Papiertiger, der seit Jahren in den Brüsseler Schubladen sein Dasein fristet.

Als Norwegen 2006 eine eigene Arktisstrategie vorlegte und russische Forscher 2007 als Erste den Meeresgrund am Nordpol erreichten, um dort ihre Landesflagge in den Boden zu rammen, dachten viele, die arktische Stunde habe geschlagen. Während des »arktischen Hypes« träumten Politiker und Strategen davon, eine der unwirtlichsten Gegenden der Erde zu einem prosperierenden Wirtschaftsraum zu machen. Seitdem hat sich nicht viel getan – obwohl die Bedingungen im Norden durch das schmelzende Eis nie besser waren. Allein in diesem Winter hatte die Arktis ihre historisch geringste Eis-

Endstation Rovaniemi: Von hier aus fahren nur noch Busse in den Norden.

ausdehnung seit Beginn der Messungen im Jahr 1979 ange-
nommen. Trotzdem ist der finnische Volkswirt Rautajoki seiner Vision noch kein Stück näher gekommen.

Die Geschichte der kommerziellen Nutzung der Nordostpassage ist noch jung. Erst 2009 passierten die ersten Han-
delsschiffe die Barentssee, die Karasee und die Ostsibirische
See bis zum Beringmeer, um nach Asien zu gelangen. In den
arktischen Gewässern sind heute so viele Schiffe wie noch nie
unterwegs: Reiseanbieter haben das Gebiet für Kreuzfahr-
ten entdeckt, und russische Eisbrecher eskortierten 2016 420
Containerschiffe mit einer Ladung von zusammen rund fünf
Millionen Tonnen. Insgesamt transportierten die Schiffe sie-

ben Millionen Tonnen durch die arktischen Gewässer – eine Steigerung um 35 Prozent gegenüber 2015.

Allerdings legten nur 19 Schiffe den gesamten Weg von der Barentssee bis zum Beringmeer zurück. Das ist ein Bruchteil im Vergleich zur üblichen Transitstrecke über den Sueskanal in Nordafrika. Den passieren pro Jahr rund 17.000 Containerschiffe. »Es ist ziemlich unwahrscheinlich, dass die Nordostpassage für den Transitverkehr so schnell zu einer Alternative zum Sueskanal wird«, meint die russische Politikwissenschaftlerin Vilena Valeeva, die am Institute for Advanced Sustainability Studies (IASS) in Potsdam arbeitet. Absehbar sei allerdings eine Zunahme der Schifffahrt in arktischen Gewässern insgesamt, vor allem aufgrund der Rohstoffexporte.

Der Fluss Kemijoki führt durch die Kleinstadt Rovianiemi und ist fünf Monate im Jahr zugefroren.

Ein Beispiel dafür ist das Megaprojekt im Hafen von Sabetta, an der Mündung des sibirischen Obflusses. Dort – rund 2.500 Kilometer nordöstlich von Moskau – baut die russische Regierung seit Jahren an einem LNG-Terminal, von dem von diesem Jahr an verflüssigtes Erdgas *(liquefied natural gas)* aus Sibiriens Gasfeldern in alle Welt verschifft werden soll. Der neue Hafen liegt auf der Route der Nordostpassage und ist ein Anlaufpunkt für Transitschiffe.

Russland zeigt als Anrainerstaat mit der längsten arktischen Küstenlinie das größte Interesse. Insgesamt investierte das Land laut Schätzungen des Arktischen Zentrums der Universität Lappland von 2010 bis 2020 über drei Milliarden Euro in die Infrastruktur der Nordostpassage – militärische Investitionen kommen noch hinzu, sind aber laut Experten nicht zu beziffern. Das Land besitzt mit vier Atomeisbrechern die stärkste Flotte der Welt – ein fünfter Eisbrecher sollte Anfang 2018 seinen Dienst aufnehmen, zwei weitere sind in Planung. Allein der Bau dieser drei schwimmenden Atomreaktoren kostet den russischen Staat weit über zwei Milliarden Euro – zusätzlich zu den Ausgaben für den Aufbau von Häfen, Versorgungszentren und Seenotdiensten. Die Russische Akademie der Wissenschaften rechnet mit einer Verzehnfachung des Verkehrs bis 2025, von den heutigen sieben auf ganze 75 Millionen Tonnen.

»Bisher werden auf dem nördlichen Seeweg fast ausschließlich Rohstoffe und Fischerzeugnisse verschifft«, weiß Adam Stepien, polnischer Politikwissenschaftler des Arktischen Wissenschaftszentrums in Rovaniemi. »Ein Transitverkehr zwischen Asien und Europa mit Gütern ist bisher noch

Zukunftsmusik.« Die Nordostpassage sei zwar rund 7.000 Kilometer kürzer als der Seeweg über den Sueskanal nach Asien, doch die Unsicherheiten und klimatischen Bedingungen ließen die Kosten in die Höhe schnellen. »Neben Russland hat aber mittlerweile auch China die Vorteile der Nordostpassage für sich entdeckt«, beobachtet Stepien. »Für die chinesische Regierung ist es langfristig attraktiv, eine Alternative zum Sueskanal aufzubauen.« Denn dieser liegt in einer politisch instabilen Region – sollte das Nadelöhr im Süden geschlossen werden, hätte das enorme Auswirkungen auf die chinesische Exportwirtschaft.

Die EU hingegen ist in Sachen Arktis zurückhaltend. In einem Strategiepapier erklärte die EU-Kommission, dass ein Netzwerk für die Sicherheit des arktischen und atlantischen Schiffsverkehrs eingerichtet werden müsse. Das EU-Parlament forderte in einer Resolution etwas nebulös, die Umwelt- und Klimarisiken einer wachsenden Schifffahrt auf dem nördlichen Seeweg prüfen zu lassen. Kein Wort indes findet man zu Kooperationen mit dem Nicht-EU-Land Norwegen für einen Zugang zu arktischen Gewässern oder gar von einer Anbindung an die Barentssee. Auch von einer Bahnstrecke von Estlands Hauptstadt Tallinn nach Helsinki oder gar von Rovaniemi an die norwegische Küste ist in den Planungen transeuropäischer Trassen nicht die Rede.

Timo Rautajoki, der Leiter der Handelskammer in Rovaniemi, hält trotzdem daran fest, dass die nordfinnische Stadt die Verbindung der EU zur Arktis werden könnte. Von dort aus sind es nur noch 500 Kilometer bis zum arktischen Hafen in Kirkenes. Der Ausbau des Eisenbahnnetzes könnte allerdings Milliarden kosten, so schätzen Experten. Bei einem Termin in Brüssel hat Rautajoki der Europäischen Kommission erklärt, warum die Union jetzt in die Arktis investieren sollte. Dafür hat er einen Werbefilm machen lassen, in dem ein Zug mit der Aufschrift »Arctic Railway«, unterlegt mit theatralischer Musik, durch die verschneiten Landschaften Lapplands rast. Das Pathos hat den Charme von Filmen wie *Doktor Schiwago* und den technologischen Aufbruchsgeist der 1960er-Jahre. Ob diese arktische Romantik Brüssel überzeugte?

Die Kommission ließ immerhin verlauten, dass in der transnationalen Ausbauphase ab 2023 erneut über die Bahnstrecke diskutiert werden müsse. Da eine solche Handelsroute von Europa in die Arktis ein starker Eingriff in eine unberührte Natur sei, müsse die EU zunächst die ökologischen Risiken abwägen, so die Sprecherin der EU-Kommission, Iris Petsa.

Dabei sollen auch lokale Bevölkerungsgruppen einbezogen werden. Das letzte indigene Volk Europas, die in Lappland ansässigen Samen, hat schon Widerstand angekündigt. Deren Vertreter halten weder etwas von der Ausbeutung der arktischen Ressourcen noch von neuen Straßen und Eisenbahnrouten durch die Naturschutzgebiete Nordfinnlands und Norwegens.

Von Paris nach Marrakesch

Das stille Sterben*

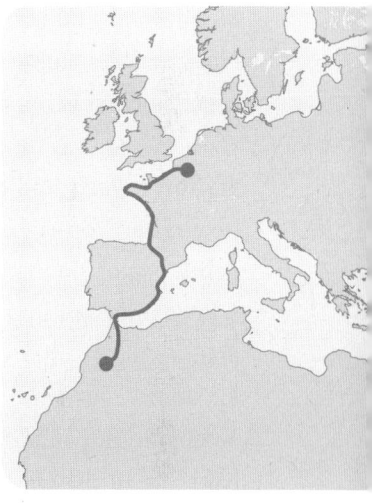

Drei Wochen, drei Länder, ein Ziel: Auf dem Weg zur 22. UN-Klimakonferenz nach Marrakesch nahm ich mir im Oktober und November 2016 viel Zeit. Ein Flug in die marokkanische Stadt hätte mich fünf Stunden gekostet. Vom verregneten Oktober wäre ich in den Sonnenschein entflohen. Wie praktisch. Wie schnell. Wie langweilig! Ich wollte Umwege fahren, ins Blaue planen und dabei mit Leuten aller Couleur sprechen, Aktivisten, Wissenschaftler und Journalisten treffen. Nicht nur der Weg war auf dieser Reise mein Ziel, sondern auch das Zuhören, Verstehen und Hinterfragen. Ein Jahr nach der erfolgreichen UN-Klimakonferenz in Paris hatte mich interessiert, wie man an verschiedenen Orten über Umwelt, Klimawandel und Verände-

* Die ursprüngliche Fassung dieses Artikels erschien am 6. November 2016 in der *Frankfurter Rundschau*.

rung nachdenkt und wie sich dadurch das Miteinander zwischen den Menschen und zwischen Mensch und Natur verändert. Deshalb begann die Reise in Paris – dem Ort der »historischen« Klimakonferenz – und endete in Marrakesch, wo sich 195 Staaten zur nächsten jährlichen UN-Klimakonferenz trafen, um zu verhandeln, wie der Weltklimavertrag umgesetzt werden soll. Das Abkommen war damals erst wenige Monate alt, und seine Ziele könnten den Beginn einer ökologischen Revolution bedeuten – wenn es den Staaten denn wirklich ernst ist.

Station 1: Paris und das Misstrauen in die Politik

Im Pariser Vorort Le Bourget hat sich nichts verändert. Hupende Autokolonnen schieben sich morgens in die französische Hauptstadt und abends zurück in die Schlafstädte. Dauersmog hängt über den tristen Straßenzügen. Kebabverkäufer stehen rauchend auf dem Bürgersteig und winken ab und zu einem Mopedfahrer. Vor einem Jahr ging dieser unscheinbare Ort in die Geschichtsbücher ein, als über 14 Tage lang Tausende Diplomaten, Politiker, Lobbyisten und Journalisten jeden Morgen zum alten Aéroport Le Bourget pendelten, wo die 21. UN-Klimakonferenz stattfand. Wahrscheinlich wäre auch das in Vergessenheit geraten, wenn sich die Welt nicht das erste Mal auf einen Vertrag geeinigt hätte, in dem sich alle Länder verpflichten, ihren CO_2-Fußabdruck in den nächsten Jahrzehnten deutlich zu verringern. Als »historisch« wurde dieses »Wunder von Paris« gefeiert.

Ein Jahr später hat sich die Freude darüber beim Umweltschützer und heutigen französischen Umweltminister Nicolas

Hulot sichtlich gelegt. Bei Kaffee und Croissants am Pariser Gare Montparnasse erzählt der ehemalige Sonderberater des französischen Präsidenten »für den Schutz des Planeten« davon, wie die französische Politik den Klimawandel komplett von ihrer Agenda gestrichen habe. Spricht er über die Ereignisse in Le Bourget, graben sich Sorgenfalten in seine Stirn. »Was auf dem Papier steht, ist die eine Sache, doch die großen gesamtgesellschaftlichen Veränderungen sehe ich nicht.« Ein tiefes Misstrauen hegt Hulot gegenüber Politik und Diplomatie, obwohl er selbst den Vertrag mitverhandelt hat. Doch ohne ein Umdenken, so Hulot, wird der Pariser Vertrag als gut gemeinter Versuch in die Geschichte eingehen, aber an den Klippen der Realität zerschellen.

Mit seinen bedrückenden Worten im Ohr steige ich in den Zug Richtung Bretagne, rund 450 Kilometer westlich von Paris.

Station 2: Bretagne – die bedrohte Idylle

Der Morgen an der Bucht von Lannion ist sonnig. Naturschützer Yves Marie Le Lay, ein älterer Herr mit getönter Brille, wirft seinen Arm Richtung Meer: »Was ist das für ein Blick? Was fällt einem da ein?« Zu unseren Füßen liegt ein heller Sandstrand, dahinter ragen braune Felsbrocken aus tiefblauem Wasser, am Horizont türmen sich weiße Wolken wie Wattebäusche. Ohne auf eine Antwort zu warten, fügt er hinzu: »Es ist einfach schön. Mehr gibt es dazu nicht zu sagen!« Dabei hat der gebürtige Bretone eine Menge zu erzählen.

Als in den 1970er-Jahren die Proteste gegen die Atomkraft in der Bretagne aufflammten, fing der junge Lehrer gerade an, sich für Umweltthemen zu interessieren. Heute sind seine Gegner die industrielle Landwirtschaft und ein Unternehmen namens CAN (Compagnie armoricaine de navigation). Das hat mit dem einzigartigen Naturerbe der Bretagne zu tun: den Dünen. Die lokalen Probleme der kleinen bretonischen Stadt Lannion sind exemplarisch. Dass ein Unternehmen wie CAN den jahrtausendealten – und begehrten – Muschelsand vor der Küste aus dem Meer saugt und damit Fischbestände und Vögel bedroht, ist für die bretonischen Umweltschützer ein Skandal; aber auch, dass in der Bretagne die Schweinemassentierhaltung – dort werden rund 60 Prozent der Schweine Frankreichs gezüchtet – dafür sorgt, dass Unmengen an Nitraten ins Meer und Grundwasser gelangen. »Die Wirtschaftsweise der industriellen Landwirtschaft und Unternehmen wie CAN zeugen von ungebrochener Zerstörungswut und Ignoranz – sie müssen die Folgekosten für ihre Taten ja nicht zahlen.« Der Rentner hat sich durch sein unbeirrbares Engagement vor allem bei Lokalpolitikern unbeliebt gemacht. Gegen CAN hat er einen ersten Sieg eingefahren, gegen die Massentierhaltung kommt er nicht an – zu groß sind die wirtschaftlichen Interessen der Region an dem Wirtschaftszweig. Daran ändert auch der Fakt nichts, dass die Fleischproduktion ein wesentlicher Treiber des Klimawandels ist, meint Le Lay. Leider würde die Politik – ob lokal oder national – den Klimaschutz oft nur als Feigenblatt vor sich hertragen. Ein Zusammenhang zwischen der eigenen Wirtschaftsweise und den Veränderungen des Klimas ist für viele zu abstrakt. »Dafür werden meine Enkel mal zahlen müssen«, schimpft Le Lay.

Dünen an der bretonischen Küste: In dieser Idylle schürfen Unternehmen nach dem begehrten Muschelsand.

Auch um die Bretagne macht die globale Erwärmung keinen Bogen. Ein Fischer erzählt, dass sein Brunnen seit Jahren trocken ist, andere berichten von viel zu heißen Sommern und milderen Wintern. Neue Insektenarten wurden gesichtet. Diese Beobachtungen kehren in vielen Gesprächen in Südfrankreich und Spanien wieder. Es ist, als ob sich das veränderte Klima langsan aber sicher in unserem Alltag einnistet.

Station 3: Mit offenem Ausgang

Von der Bretagne aus breche ich Richtung Süden auf, besuche die Weinbauregion Bordeaux (siehe S. 73), Barcelona (siehe S. 67) und die Sierra Nevada (siehe S. 57). Schließlich gelange ich nach Algeciras – die letzte Station vor Marokko. Nach eineinhalb Stunden Überfahrt legt die Fähre *Africa Marocco* im Hafen von Tanger an. In wenigen Tagen beginnt die Klimakonferenz. Die vielen Gespräche mit Menschen, die sich für eine lebenswerte Zukunft engagieren, machen Hoffnung. Allerdings sind die wenigsten wirklich zuversichtlich. Seit mehr als zwanzig Jahren werde über den Klimaschutz diskutiert – mit mageren Ergebnissen. Ob Wissenschaftler, Aktivisten oder Bauern – alle haben Zweifel, dass die Klimadiplomatie und die Regierungen der 195 Nationen die globale Erwärmung mit dem Pariser Vertrag in den Griff bekommen. Trotzdem müsse man weitermachen – das ist Konsens; es bleibe ja schließlich nichts anderes übrig. Oder wie es der spanische Farmer Jorge Molero ausdrückt: »Die Erkenntnis des Klimawandels hat vier Stadien: Die erste ist Negation, die zweite Katastrophismus, die dritte Wut, die vierte Akzeptanz und konstruktives Engagement.«

Letzteres haben sich auch die Staaten für die Konferenz in Marrakesch vorgenommen. Denn die schönen Worte von einer »dekarbonisierten Welt« – also einer CO_2-freien Weltwirtschaft – müssen nun in einen konkreten Wandel übersetzt werden. Wer mit offenen Augen durchs Land fährt, kann überall die Symptome des Wandels sehen. Trifft man engagierte Menschen wie den Ökobauern Jorge, die bretonischen Umweltschützer oder die Meeresforscherin Patricia Ziveri, könnte man denken, dass schon überall diese kleinen Schritte nach vorn gegangen werden. Doch sie sind nicht offensichtlich, man muss sie suchen. Der große Tanker unserer von fossilen Energien gesteuerten Gesellschaften bewegt sich nur langsam Richtung Nachhaltigkeit – auch wenn wir ihn grün angestrichen haben. Zwischen Konsumtempeln, mit Autos verstopften Städten, Müllbergen und der industriellen Lebensmittelindustrie gleicht dieses Umdenken bisher nur kleinen Beibooten. Das müssen die Menschen vor Ort, aber auch die Diplomaten des UN-Klimagipfels ändern – und zwar gemeinsam.

KAPITEL 3

USA: *Im Land der Klimaleugner*

Meine Reise zu den Florida Keys war eine zu den Schönen und Reichen, ein Eintauchen in ein Universum des
Überflusses und des ewigen Sommers, endloser Ferien
und weißer Traumstrände. Während der Fahrten über
die Highwaybrücken der Inselkette zieht die Landschaft
wie eine gigantische Fototapete vorüber: türkisfarbe-
nes Meer und Pelikane, die als weiße Punkte über der
gekräuselten Oberfläche kreisen. Parallel zum Highway verläuft ein alter Bahndamm, zerstört von einem
Hurrikan in den 1930er-Jahren. Es ist ein Aufatmen:
Der Weg führt mich weg vom überfüllten Festland und
der vollgestopften Metropole Miami, hin zu den un-
berührten Palmenstränden und einsamen Fischerhüt-
ten. Doch dieses Bild entpuppt sich schnell als Illusion,
die höchstens für die Kataloge der florierenden Touris-
musbranche taugt.

Die Inselbewohner der Keys bangen um ihr Paradies. Viele zogen in den 1970er-Jahren aus großen Städten wie Miami oder New York in die damals noch unberührte Natur der Inselkette. Aussteiger, Hippies und Künstler waren – wie überall auf der Welt – auch hier die Pioniere der Gentrifizierung. Mittlerweile rollen Millionen Touristen ganzjährig über den Highway, über alle Inseln hinweg, bis Key West, einem verschlafenen Nest, in dem früher Hemingway schrieb und trank und heute nur noch getrunken wird. Die Einheimischen stehen dank des Andrangs dauernd im Stau, Supermärkte und Restaurants sind heillos überfüllt, an den wenigen öffentlichen Stränden gibt es Alkoholgelage. Dennoch sind Grundstücke auf den Keys Gold wert – und das trotz aller Gefahren wie Hurrikanen und Überflutungen, die die Inselgruppe ständig bedrohen. Einige Einheimische sind pragmatisch und haben ihren Wohnsitz von den gefragten Strandlagen ins Innere der Inseln verlegt. Doch hören weder Inselbewohner noch die Tourismusvertreter gern etwas über das bedrohte Ökosystem oder gar den Klimawandel. Die Politik in Florida stützt diese Ignoranz. Anders als in Kalifornien, wo erneuerbare Energien und Klimaschutzprojekte mittlerweile politischer Mainstream sind, liegt Floridas Gouverneur ganz auf der Trump'schen Linie.

Aber – und das ist wohl eine Lektion in Sachen Gleichheit – auch die schönste Villa am Strand gammelt, wenn das Wasser bis zur Anrichte steht. Im Gedächtnis geblieben ist mir das Schicksal eines deutschen Pärchens, das eine Dreiviertelmillion Dollar in ein Wochenendhaus auf Key Largo investierte. Aus ihrem Honeymoon im neuen Heim wurde nichts, weil in den ersten Wochen das Wasser in Küche und Wohnzimmer stand.

Das Wasser steigt nicht nur auf den Florida Keys, sondern auch am Chesapeake Bay, in der unmittelbaren Nachbarschaft der US-Hauptstadt Washington. Dorthin verschlug es mich 2009, wenige Wochen vor dem desaströsen Klimagipfel in Kopenhagen: In der Bucht steigt der Meeresspiegel stetig, wie die Forscher eines Umweltzentrums dort schon seit Jahrzehnten beobachten. Damals regierte Barack Obama, der in Kopenhagen versuchte, die Chinesen von einem Weltklimavertrag zu überzeugen. Keine zehn Jahre später könnte die Kluft zwischen dem, was im Chesapeake Bay passiert – quasi direkt vor Trumps Haustür –, und den Klimaleugnerthesen des amtierenden US-Präsidenten wohl kaum größer sein.

Nicht nur der angekündigte Ausstieg aus dem noch kurz vor dem Amtsantritt Trumps beschlossenen UN-Klimaabkommen ist ein Desaster. Für die Forschung ist vor allem die Entscheidung der Trump-Administration ein Problem, die Gelder für die Klimaforschung zusammenzustreichen. So berichtet die *Washington Post*, dass allein das Budget der Wetter- und Ozeanografiebehörde NOAA um ein Fünftel gekürzt werden soll. Betroffen sind – und darin liegt der Zynismus angesichts der realen Bedrohungslage in Florida und an der Chesapeake Bay – vor allem Programme zum Küstenschutz und zur Prävention bei Überschwemmungen und Stürmen sowie Messstationen. Die NOAA ist die vielleicht wichtigste internationale Datenquelle zur Erforschung des Klimawandels – und sie untersteht dem US-Handelsministerium. Ihre Satelliten und Messgeräte an Land und im Meer stellen seit Jahrzehnten Klimadaten zur Verfügung, etwa zum Anstieg der CO_2-Konzentration in der Erdatmosphäre, zu dem des Meeresspiegels und zur Ausdehnung der Eisdecke in Arktis und Antarktis. Allein dem Programm zur Sammlung von Daten durch Satelliten werden unter Donald Trump über 500 Millionen US-Dollar weniger zur Verfügung stehen.

Solche Kürzungen betreffen auch mehrere Universitäten, die teilweise mit der NOAA zusammenarbeiten, darunter die University of Florida. Deren Wissenschaftler halten seit Jahren an Klimaforschungsprogrammen fest – gegen die Politik ihres Bundesstaates. Der Graben zwischen Erkenntnissen der Forschung und politischer Ignoranz und ihrem »business as usual« in den USA ist eklatant.

Wie der Klimaforschung ergeht es anderen grünen Leuchttürmen der Obama-Zeit: Seitdem Scott Pruitt Chef der US-Umweltbehörde EPA ist, wird an der Demontage der Behörde gearbeitet, allen voran an der kompletten Zurücknahme des berühmten Plans für saubere Energie (Clean Power Plan). Obama und die EPA hatten den Plan im Sommer 2015 vorgestellt. Das Ziel:

Die Bundesstaaten sollten die Emissionen ihrer Kraftwerke bis 2030 um 32 Prozent gegenüber 2005 senken. Wie, das sollte ihre Sache sein – der Niedergang der US-Kohlebranche schien damit aber endgültig besiegelt. Die Trump-Regierung schützt hingegen die Kohlelobby und geht allgemein gegen Umweltauflagen vor. Wie schon länger angekündigt, sollen die Emissionsstandards für Autos gekippt werden. Getoppt wird das nur noch durch die Ernennung des Klimaleugners Jim Bridenstine zum NASA-Chef.

Doch trotz des *roll backs* weisen einige – nicht gerade als Klimaaktivisten bekannte Organisationen – von selbst auf die Bedrohung durch den Klimawandel hin, wenn ihre Existenz bedroht ist. Ein Beispiel ist die Immobilienbranche in Florida: Zwar ist der Absatz von Küstengrundstücken in Florida ungebrochen, aber die Makler wissen auch, dass sich das schnell ändern kann, wenn Storys die Runde machen, dass in teuren Villen ständig die Keller volllaufen. So schätzt das US-Immobilienunternehmen Zillow, dass allein an den Küsten Floridas bis Ende des Jahrhunderts fast eine Million Häuser im Wert von 400 Milliarden Dollar durch den Meeresspiegelanstieg unbewohnbar werden könnten. Mittlerweile bieten Versicherungen interaktive Karten an, mit denen man das Überschwemmungsrisiko seiner zukünftigen Immobilie per Mausklick berechnen kann.

Florida Keys
Das Meer schwappt
in ein Urlaubsparadies*

Die Florida Keys sind ein Fleckchen Erde, auf dem es sich gut leben lässt. Auf den 200 Inseln vor der Südspitze des amerikanischen Bundesstaats Florida herrschen das ganze Jahr über tropische Temperaturen. Das Wasser links und rechts des Highway One, der über 42 Brücken bis an die Spitze der Inselkette nach Key West führt, ist türkisblau wie im Katalog, an den endlosen Palmenstränden stehen schilfgedeckte Cocktailbars. Parallel zur Schnellstraße verläuft der alte Bahndamm, der früher die Inseln verband. 1935 wurde er von einem Hurrikan zerstört. Wie eine Warnung hebt sich das zerborstene Viadukt vom Blau des Wassers ab, so als wollte es warnen: Die Harmonie trügt.

Tatsächlich ist das Paradies bedroht. In nicht allzu ferner Zukunft könnte es im Meer versunken sein. Der Wasser-

* Die ursprüngliche Fassung erschien am 6. April 2016 in der *Süddeutschen Zeitung*.

spiegel steigt weltweit, Inseln wie die Florida Keys mit einer Durchschnittshöhe von nur etwa einem Meter werden die ersten Opfer sein. Die in Jahrtausenden geformten Inseln könnten größtenteils noch in diesem Jahrhundert untergehen, prophezeien Wissenschaftler. Werden Archäologen in ferner Zukunft King-Size-Betten und Cocktailshaker vom Meeresgrund bergen?

Nein, kaum jemand glaubt unter Palmen, bei 25 Grad, blauem Himmel und mit einem Martini in der Hand an den Untergang. Noch in den 1970er-Jahren waren die Keys ein wildes Aussteigerparadies. Heute reiht sich ein teures Hotel ans nächste, überall sieht man Baustellen für Luxusresorts, für Strandhäuser und Golfplätze. Die Inseln sind beliebt wie nie, die Käufer reißen sich um teure Strandgrundstücke.

Der Umweltschützer Chris Bergh ist auf den Keys geboren und weiß, was seiner Heimat droht, auch wenn ihn hier viele belächeln. Als er vor Kurzem ein neues Haus für sich und seine Familie auf Big Pine Key kaufte, achtete er genau darauf, dass es hoch genug liegt. »Es steht zwar nicht am Wasser, aber dafür ist es sicher – und viel billiger als die begehrten Wassergrundstücke«, erklärt Bergh, der als Regionalleiter der Umweltschutzorganisation Nature Conservancy arbeitet. »Die meisten Käufer auf den Inseln suchen das Gegenteil.«

Er sitzt in einem kleinen Büro, die Rollläden sind heruntergelassen, durch die Ritzen dringt grelles Sonnenlicht. Ein Computer auf seinem Schreibtisch zeigt eine Karte der Inselkette. Bergh kann damit zentimetergenau den Anstieg des Meeresspiegels simulieren. »Die Straße, in der wir gerade sind, steht

Die überflutete Big Pine Road nach einer *king tide*.

bei 30 Zentimetern schon komplett unter Wasser«, sagt er ruhig. Dann klickt Bergh auf den Knopf »Storm«, und die Küstenlinien verschwinden im Dunkelblau – die Simulation einer weiträumigen Überflutung. »Wenn wir noch einen Sturm dazunehmen, bleibt von der gesamten Insel nicht mehr viel übrig.« Diese Karten bieten nun sogar kommerzielle Agenturen an, damit potenzielle Käufer um das eventuelle Überflutungsrisiko einer Immobilie wissen.

Klimaforscher bestätigen Berghs Befürchtungen. Laut der nationalen Wetter- und Ozeanografiebehörde NOAA ist das Meerwasser in der Region zwischen 1913 und 2006 um 22 Zentimeter gestiegen. In den kommenden Jahrzehnten dürfte sich diese Entwicklung weiter beschleunigen. Der Weltklimarat IPCC rechnet bis 2030 weltweit mit weiteren fünf bis 15 Zentimetern, bis 2060 könnten es 40 Zentimeter sein. Die NOAA hält im Extremfall sogar einen Anstieg um 80 Zentimeter bis 2060 für möglich – je nachdem, ob und wie weit die Treibhausgasemissionen in den kommenden Jahrzehnten global zurückgehen. Manche Forscher rechnen sogar mit noch einem Meter mehr, da sich die Anzeichen mehren, dass die Eismassen in der Westantarktis in den nächsten Jahrzehnten abschmelzen.

Die Initiative »South East Florida Climate Compact«, die Wissenschaftler und lokale Behörden ins Leben gerufen haben, empfiehlt, sich eher an den oberen Werten zu orientieren. Zumal einzelne Messungen darauf hindeuten, dass das Wasser in Florida schneller steigt als im globalen Durchschnitt, was mit einer Abschwächung des Golfstroms zusammenhängen könnte. Aber selbst wenn die optimistischsten Prognosen sich erfüllen sollten, stehen weite Teile der Keys bis zum Ende des Jahrhunderts unter Wasser.

Mittlerweile hat der Alltag der Inselbewohner die Trends und Prognosen eingeholt. Nicht nur der letzte Hurrikan »Irma« im September 2017 setzte den Inseln zu, sondern auch vermehrte *king tides,* außergewöhnlich hohe Fluten. Regelmäßig schwappt nun salziges Meerwasser über weite Teile der Insel, auch wenn kein großer Hurrikan in Sicht ist. Wenn es ganz schlimm kommt wie im Oktober 2015, stehen monatelang Häuser und Straßen unter Wasser; dann verbreitet sich ein fauliger Gestank über den Inseln. Damals gründeten frustrierte Hausbesitzer die Facebook-Gruppe »Key Largo Community Swamp« und schrieben Petitionen an lokale und nationale Behörden. Noch werden die Keys nur einige Male im Jahr von *king tides* heimgesucht – bis 2030 könnte das auf Key West im Durchschnitt aber mehrmals wöchentlich passieren, prognostiziert die US-Forschervereinigung Union of Concerned Scientists (UCS). 2045 soll es fast täglich Überschwemmungen geben. Ein Untergang auf Raten: Das Meerwasser kommt nicht von einem Tag auf den anderen, sondern erobert ganz langsam, mit zunehmend langen Überschwemmungsperioden das Land.

Chris Bergh fährt mit seinem alten Geländewagen eine Straße entlang, auf der noch vor wenigen Wochen das Wasser stand und ein Durchkommen unmöglich machte. Immer noch sieht man Wasserlachen am Straßenrand, die ins angrenzende Dickicht reichen, in dem es summt und zirpt. Kleine Teiche haben sich neben den Kreuzungen gebildet, das Wasser verdunstet und lässt salzige Pfützen zurück. Die Blätter und Äste vieler Pflanzen sind braun und grau verfärbt.

Am Ende einer schmalen Asphaltstraße steigt Bergh aus; früher war dort ein größeres Kiefernwäldchen. Nach den vielen Kiefern wurde Big Pine Key einst benannt. Die Bäume sind auf Süßwasser angewiesen – heute steht hier kein einziger Baum mehr. Stattdessen bedecken knorrige schwarze Mangroven und abgestorbenes Holz den matschigen, sandbraunen Boden, es schmatzt unter den Schuhen, wenn man über das karge Gelände geht. Die mondähnliche Landschaft wirkt unter dem stechend blauen Himmel surreal.

Die starken Fluten der vergangenen Jahre hätten eine Menge Salzwasser in die Senke gespült, erklärt Bergh. Das

Wasser konnte aber nicht vollständig ablaufen, und durch die Verdunstung stieg der Salzgehalt im Morast immer weiter an. Das vertragen die Süßwassergehölze ebenso wenig wie die weißen Mangroven, die sonst mit einer Mischung aus Meer- und Süßwasser kein Problem haben. »Die Biodiversität im schwarzen Mangrovendickicht ist sehr viel geringer als in den herkömmlichen Kiefernwäldern der Inseln, die aus verschiedenen Sträuchern und Gräsern bestanden«, weiß Chris Bergh. Auf der Fahrt zurück zum Highway One sind unzählige graue, tote Kiefern am Straßenrand zu sehen. »Das war *Wilma*«, kommentiert Bergh trocken. Der Hurrikan fegte 2005 über Florida hinweg. Aber nicht der Sturm selbst habe den Bäumen den Garaus gemacht, sondern ebendas auf die Insel geschwemmte Salzwasser. Aber auch nach dem Hurrikan hörte das Sterben der Bäume, das Versalzen des Bodens nicht auf. Während die Hurrikane in ein paar Stunden enormen Schaden anrichten, nagen die *king tides* zwar langsam, aber unermüdlich an der Substanz der Inseln.

Die Gemeinden versuchen zu retten, was zu retten ist, auf Key Largo etwa heben sie die Straßen an. Allerdings befürchten Kritiker, dass das kaum helfen wird: »Das Wasser muss irgendwohin, und wenn die Grundstücke niedriger liegen als die Straßen, schwappt das Wasser eben dahin«, sagt Bergh. Wirklich sinnvoll seien nur natürliche Dämme wie intakte Korallenriffe oder Mangrovenwälder.

Es ist schwer, die Veränderungen auf den Inseln nur mit dem Klimawandel zu erklären. Er löst nicht einzelne heftige Stürme und Fluten aus, sondern er macht sie wahrscheinlicher und potenziert die Folgen des steigenden Meeresspiegels. Ein

Bericht der NOAA von 2010 zum Meeresspiegelanstieg in Florida zählt diverse weitere Faktoren auf: In der Bucht von Florida breitet sich Seegras aus und hält Sedimente zurück, Schlammbänke wachsen an, auch das hat Auswirkungen auf die Natur. Trotzdem bestätigt die US-Behörde, dass der ansteigende Wasserspiegel schon jetzt die Küstenerosion verschlimmert und Süßwasserlebensräume vernichtet.

Obwohl die toten Baumstämme kaum zu übersehen sind, ist es auf den Keys wie in ganz Florida unpopulär, die Probleme zu thematisieren. Der republikanische Senator Marco Rubio machte bis vor Kurzem mit klimaskeptischen Parolen Wahlkampf. Klimaschutz hält er für eine Verschwendung von

Umweltschützer Bergh zwischen abgestorbenen Bäumen auf Big Pine Key.

Steuergeldern, der Klimawandel sei nicht vom Menschen verursacht. Aus wissenschaftlicher Sicht ist das absurd, aber viele Floridianer wollen nichts anderes hören. Das könnte auch an den Medien liegen: Die Fernsehnachrichten der wichtigsten Sender CBS, NBC, ABC und Fox berichteten laut der US-Medieninitiative Media Matters for America im gesamten Jahr 2015 durchschnittlich je 37 Minuten lang über den Klimawandel. Die Demontage der Klimawissenschaft unter dem derzeitigen Präsidenten Donald Trump dürfte trotz einer sehr aktiven Klimaaktivistenszene – man denke nur an Ex-Präsidentschaftskandidaten Al Gore – ebenfalls nicht dazu beitragen, den US-Bürgern die akute Bedrohung vieler Lebensräume durch den Klimawandel nahezubringen.

Selbst unter den Opfern ist die Skepsis weiterhin groß. Zu einer Versammlung der Hausbesitzervereinigung von Key Largo in der Gemeindebibliothek sind an einem Februarabend gut 30 Anwohner gekommen. Largo ist das erste Glied der Inselkette, es liegt gleich neben der gut 300 Meter langen Brücke zum Festland. Heute geht es um den Tourismus – Fluch und Segen der Hausbesitzer in Largo. Ein lokaler Tourismusmanager schwärmt von den steigenden Besucherzahlen. Für Hausbesitzer, die hier seit mehr als 30 Jahren wohnen, sind sie jedoch nicht nur ein Grund zur Freude. Mittlerweile brettern Millionen Touristen über ihre Insel, um nach Key West zu kommen – von Ruhe und Abgeschiedenheit kann keine Rede mehr sein. Viele sind frustriert, einige verlassen beim Vortrag des Managers den Saal. Gegen die großen Investoren kommen sie nicht an. Und nun kommen auch noch die Fluten hinzu, die Straßen und Keller unter Wasser setzen.

Wassergrundstücke in Florida sind teuer, könnten aber schon bald an Wert verlieren.

Trotzdem halten die wenigsten Hausbesitzer den Klimawandel für ein ernstes Problem. Dotti Moses ist die Präsidentin der Hausbesitzervereinigung und seit 20 Jahren auf Key Largo ansässig. Sie schüttelt darüber nur den Kopf: »Da ist nichts zu machen, die Leute glauben hier eben alles, was ihnen Fox News und andere Verdummungssender erzählen.« Die lebhafte 62-Jährige hat den Abend organisiert und dem Tourismusmanager viele unangenehme Fragen gestellt. Der hat es nach seinem Vortrag sehr eilig, nach Hause zu kommen. Über die Überschwemmungen oder gar den Klimawandel will er nicht sprechen. »Hier geht es nur ums Image – die

Probleme unserer Insel könnten ja dem Business schaden«, klagt Moses.

Immerhin: Die lokalen Behörden seien im Gegensatz zu Senator Rubio schon seit Jahren auf dem richtigen Weg. Aber was hilft das, wenn dann in den Klimawandelworkshops der Gemeinde Klimaleugner Stimmung machen? Die Rentnerin hebt resigniert die Schultern. Die Immobilienpreise würden immer neue Rekorde erklimmen, berichtet Dotti Moses. »Ein frisch verheiratetes Pärchen hat mehr als 750.000 Dollar für ein Haus am Wasser in Key Largo bezahlt«, berichtet sie. In den ersten zwei Monaten konnten sie die überflutete Immobilie nicht bewohnen.

»So beschaulich wie früher ist es hier nicht mehr«, klagt auch die 87-jährige Pauline Klein in der Versammlung. Wenn man sie auf die Überschwemmungen anspricht, platzt es aus der kleinen, robusten Frau heraus: »Die Fluten sind eine Katastrophe für uns, im Dezember war die Straße vor meinem Haus einen

Monat lang komplett überschwemmt, so was gab es noch nie!« Aber ob das etwas mit dem Klimawandel zu tun haben könnte? »Das ist doch alles Quatsch«, schimpft sie. »Wir versuchen gerade, die echten Gründe für die Überschwemmungen herauszubekommen. Wahrscheinlich liegt es an der neu gebauten Brücke.«

Washington, D.C.
Die ungehörte Botschaft
der Chesapeake Bay*

Von der amerikanischen Hauptstadt fährt man mit dem Auto nur eine gute Stunde zur Chesapeake-Bay-Brücke. Der Weg führt aus dem quirligen Zentrum heraus, durch immer dünner besiedelte Ausläufer der Metropole, durch Wälder, die im Herbst buntgescheckt sind – schließlich steht man an der überdimensionalen Autoüberführung auf die Halbinsel Delmarva, an die die drei Bundesstaaten Delaware, Maryland und Virginia grenzen.

Die Ausmaße der Bucht sind immens: Sie erstreckt sich auf über 150.000 Quadratkilometern, mehr als 150 Flüsse und Bäche münden in die Bay. Weit schweift der Blick von der Chesapeake-Brücke über die schimmernde Wasseroberfläche. Ein diesiger Nebel hängt über dem Horizont, beschauliche Holzhäuser säumen die Ufer, Segel- und Ruderboote sind vertäut,

---

* Die ursprüngliche Fassung dieses Artikels erschien am 10. Januar 2010 bei *Klimaretter.info*.

weiter draußen gleitet ein riesiger Tanker vorbei. Kaum zu glauben, dass diese Bilderbuchlandschaft in einigen Jahrzehnten verschwunden sein könnte.

Der Wasserspiegel in der Chesapeake-Bucht steigt. Laut NASA doppelt so schnell wie im globalen Durchschnitt – um rund 3,4 Millimeter pro Jahr. Auch die Küstenlinie verschiebt sich jedes Jahr um ein bis zwei Meter. Schuld daran sind Erosion und Überschwemmungen. Wenige Kilometer vom Sitz des mächtigsten Mannes der Welt entfernt, der die US-Klimaschutzgesetze bremst und der Klimawissenschaft gerade die finanziellen Grundlagen entzieht, ist längst »Land unter«. Das Wasser kommt, unaufhaltsam, es strömt ins Land, sickert in den Boden, schwappt gegen die Ufer wie ein unheilvoller Bote.

In Grasonville, wenige Autominuten hinter der Brücke, liegt das Chesapeake Bay Environmental Center, das seit Jahren versucht zu retten, was noch zu retten ist. Die Umweltschützerin Vicki Paulas und ihre Kollegen sind Don Quichottes des Klimaschutzes. Sie kämpfen gegen die Zeit. Und sie wissen, wie aussichtslos ihr Kampf ist. »Das Wasser steigt, und es wird immer wärmer«, erklärt Paulas an einer einsamen Stelle des Haffs, dessen Ufer mit Seegras gesäumt sind. Das Wasser steht still, ist ohne Laut und Bewegung, nur ein Fischreiher kreist und stößt seine Schreie in den diesigen Abend. Bis zum Ende des Jahrhunderts rechnen Forscher damit, dass hier die Temperaturen um bis zu sechs Grad steigen – und damit viel stärker als im globalen Durchschnitt.

Das hat dramatische Folgen für Fauna und Flora: Zuerst stirbt das Seegras ab, das Nahrung und Unterschlupf für verschiedenste Tierarten bietet. Das geschehe schon jetzt, weil die Sommer zu warm sind, erklärt Umweltschützerin Paulas. Zudem geht der Sauerstoffgehalt des Wassers zurück, was ebenfalls zum Sterben von Fisch- und Krabbenarten führt – der Nahrung für viele Vögel und andere Wildtiere.

Die Klimaänderung trifft zuerst das Ökosystem, dann die Anwohner – denn ohne eine intakte Marschlandschaft kommen die Fluten schneller, und das Wasser verdreckt weiter. Die Auen wirken wie ein Schwamm, so Paulas. Doch durch Industrialisierung und Bebauung seien sie bereits stark zerstört worden. Sisyphusarbeit sei es nun, Verlorenes wiederherzustellen und gleichzeitig schon mit den Herausforderungen der Klimaänderung zu kämpfen. Um das »Unaufhaltsame aufzuhalten«, wie Paulas es ausdrückt, bauen die Umweltschützer zusammen mit freiwilligen Helfern »lebendige Uferstreifen«.

In dem Marschland siedeln sich dann Schildkröten an, nisten Watvögel und Krabben. Von den durchwachsenen, natürlichen Uferstreifen erhofft man sich auch eine Abschwächung der Wellen und damit einen Schutz des Ufers vor weiterer Erosion. Um Austernarten wieder anzusiedeln, die längst in der Region marginalisiert sind, werden künstliche Betonbälle mit Löchern in die Bucht hinabgelassen – in der Hoffnung, die Tiere könnten sie als neues Heim annehmen. In diesen künstlichen Riffs sollen aber auch Fische laichen und Krebstiere eine neue Heimat finden. Was jahrzehntelang zerstört wurde, muss nun – schon aus Eigeninteresse des Menschen – wiederaufgebaut werden.

Warum Politiker in Washington überhaupt noch zögern, sich zu einem ambitionierten Klimaschutz zu bekennen und

Geld für die Bekämpfung der desaströsen Folgen des Klimawandels einzusetzen, das ist Paulas und ihren Kollegen unbegreiflich. »Was sie nicht gesehen haben, glauben sie nicht – vielleicht wollen sie es aber auch nicht sehen«, meint sie schulterzuckend. Sie und ihr Zentrum sind auf private Spenden angewiesen, der Staat hat bis jetzt noch keinen Penny lockergemacht.

Die Umweltschützer des Chesapeake Bay Environmental Center sind in den USA immer noch große Ausnahmen. Der Klimawandel ist für die meisten Amerikaner noch immer eine reichlich abstrakte Bedrohung. Auch unter Ex-Präsident Barack Obama standen andere Punkte weiter oben auf der politischen Agenda, etwa die Sorgen um den ökonomischen Abschwung oder der Streit um eine Reform der Krankenversicherung. Immerhin versuchte er, die Klimawissenschaft zu stärken, machte sich international für ein Weltklimaabkommen stark und begann die Kohleindustrie der USA zu sanktionieren. Doch über die Chesapeake Bay wurde in den großen Medien des Landes auch unter Obama nicht berichtet – geschweige denn, seitdem Donald Trump im Weißen Haus sitzt.

Dabei steht die Chesapeake Bay für ein Problem, das die ganze Nation betrifft – schließlich weist das Land gigantische Küstengebiete auf. Forscher befürchten, dass der Meeresspiegelanstieg in den USA zu einem wahren Exodus der Küstenbewohner führen könnte. Sollten sich die Ozeane bis zum Jahr 2100 tatsächlich um 90 Zentimeter anheben, wie vom Weltklimarat IPCC prognostiziert, wären 4,2 Millionen Menschen von Überschwemmungen gefährdet, prognostiziert eine Stu-

Vicki Paulas erklärt Besuchern die Folgen des steigenden Meeresspiegels.

die der Universität von Georgia. Das Worst-case-Szenario der Forscher rechnet sogar mit über 13 Millionen Flüchtlingen.

Vielleicht würde es der Trump-Administration und vielen Senatoren guttun, einen Ausflug nach Grasonville zur Chesapeake Bay zu machen. Dort könnten sie sich vorrechnen lassen, wie viel es kosten würde, die Küstenlandschaft so zu renaturieren, dass sie einen halbwegs natürlichen Schutz bietet: Rund 100 Meter neues Marschland kosten an die 400.000 Dollar. Und allein hier ginge es um Hunderte Kilometer. Möglicherweise würden die Politiker dann anfangen zu rechnen, was es für ihre Region bedeutet, einfach ein »Laisser-faire« walten zu lassen und die Folgekosten des Temperaturanstiegs und der Industrialisierung ihren Kindern und Kindeskindern zu überlassen. Irgendwann müssen sich wohl auch die größten Klimaleugner in der US-Politik dieser Rechnung stellen. Spätestens, wenn in den ersten Siedlungen dauerhaft die Keller unter Wasser stehen. »Wir können den Prozess nur verlangsamen, nicht aufhalten«, konstatiert Paulas nüchtern, »doch wir versuchen, unser ökologisches Wissen an die nächste Generation weiterzugeben – in der Hoffnung, dass die eine Lösung findet, unseren Planeten zu retten.«

KAPITEL 4

Naher Osten: Die Krise hinter der Krise

Im Dezember 2017 meldeten die israelischen Behörden, der Wasserstand des Sees Genezareth – einer der größten Süßwasserquellen der Region – sei auf ein neues Rekordtief gefallen. Das fünfte Jahr in Folge habe es nicht ausreichend geregnet. Der See speist den »heiligen Fluss« Jordan, der an der Grenze zwischen Israel, Jordanien und dem Westjordanland entlangfließt und schließlich ins Tote Meer mündet. Alle drei Länder sind auf das Süßwasser angewiesen, in allen drei Ländern herrscht Wasserknappheit, und alle drei Länder müssen ihre trockenen Felder bewässern, um sich mit Obst und Gemüse zu versorgen. Größter Verlierer ist das politisch schwächste Land: Palästina. Die Hoheit über die Wasserreserven hat der Staat Israel, der einen direkten Zugang zum See Genezareth besitzt. Seit dem Sechs-Tage-Krieg im Jahr 1967 liegt die alleinige Kontrolle der Wasserreserven bei Israel. Die palästinensische Wasserbehörde ist kaum mehr als ein Verwalter von zugeteilten Wassermengen und dem israelischen Recht unterstellt. In den palästinensischen Gebieten besuchte ich Wasserquellen, die wie ein Hochsicherheitstrakt in der Landschaft standen. Nahe einem ausgetrockneten Flussbett führte mich ein palästinensischer Farmer zu einem drei Meter hohen Käfig umrankt mit Stacheldraht, in dessen Mitte blitzblanke Rohre aus der Erde ragten. Wohin das Wasser geht, wusste der Bauer nicht zu sagen.

Die Wasserkrise in der Westbank ist nicht nur eine politische Geschichte von Macht und Ohnmacht, Geopolitik und Ressourcenknappheit. Sie ist auch ein Lehrstück in Sachen Klimawandel: Dort geht es nicht um *die* große Klimakrise; es geht um eine explosive Mischung aus menschengemachten Umweltveränderungen, politischen und ökonomischen Konflikten sowie religiösem Fanatismus, die durch vom Klimawandel verursachte Dürren noch gefährlicher wird. Anhand von zwei Geschichten über den Fluss Jordan und die erstaunlich brutale Mechanik der Süßwasserverluste am Toten Meer versuche ich, dieses Drama zu beschreiben – jenseits der politischen Diskussion, ob nun der Terror von Hamas und Co. oder die aggressive israelische Politik für die Situation verantwortlich sind.

Was die Folgen des Klimawandels für politische

Krisenregionen bedeutet, wurde mir nirgends so deutlich vor Augen geführt wie in Palästina. Hier wirkt der Klimawandel als – wie Forscher es nennen – Risikomultiplikator. Seit 70 Jahren kommen die Menschen nicht zur Ruhe – hier wird einer der ältesten Konflikte der Welt ausgetragen. Und durch die Wasserkrise wird er weiter verschärft. Palästina ist angesichts seiner verzweifelten politischen Lage für den fortschreitenden Klimawandel denkbar schlecht aufgestellt. Die Region ist eine der wasserärmsten der Welt, und die natürlichen Wasserressourcen schrumpfen – während zugleich die Bevölkerung wächst. Schlechtes und ungerechtes Wassermanagement führt dazu, dass sich die palästinensischen Bauern gerade mal ein kleines Beet zur Eigenversorgung anlegen können.

Reisen im »Heiligen Land« heißt aber auch, die Widersprüche und die Absurditäten zu entdecken, die sich hinter diesem Label verstecken. Es sind Reisen in die Menschheits- und Kulturgeschichte und gleichzeitig Reisen in die nackte, brutale Realität von Arm und Reich, von Macht und Ohnmacht.

Ein Sinnbild für diese Widersprüche im »Heiligen Land«, das genauso als Ursprung religiösen Glaubens wie auch als Sinnbild unauflösbaren Hasses gilt, ist der Fluss Jordan. Dessen »heiliges Wasser« wird an Pilgerstätten in kleinen Glasfläschchen verkauft, während der »*holy river*« wenige Meter weiter als stinkende Kloake dahinplätschert. Menschen erfüllen sich hier ihren Lebenstraum und steigen, mit weißen Gewändern behangen, Gott ansingend, in die Fluten und lassen sich taufen – unter Tränen des Glücks, aufgelöst und erlöst. Vielleicht wären die Bauern im nahen Palästina ähnlich gerührt, wenn ihnen mehr von diesem Wasser zur Verfügung stehen würde, um ihre Felder zu bewässern. Nur wenige Kilometer von den Pilgerstätten entfernt aber fährt man an endlosen ausgetrockneten Bewässerungsrinnen vorbei, an denen die sandigen Äcker liegen.

Mit der Taufe im Jordan könnte es ohnehin bald vorbei sein: Eine neue Studie des *Science Advances Journal*, die lange nach meiner Recherche über den Jordan erschien, gibt düstere Prognosen ab: Bis 2100 drohen die Niederschläge in der Region um ein Drittel zu sinken, die lokale Durchschnittstemperatur könnte um 4,5 Grad Celsius steigen und der Zufluss aus den Flüssen, aus denen sich der Jordan speist, um 75 Prozent zurückgehen. Die Anrainer des Flusses, etwa Jordanien, haben zudem sehr viele Menschen aufgenommen, die vor dem Krieg in Syrien geflohen sind. Während der Bevölkerung rund um den Jordan 1946 rein rechnerisch noch 3.600 Kubikmeter Wasser pro Kopf und Jahr zur Verfügung standen, sind es heute nur noch 350 Kubikmeter. Das sind deutlich weniger als die 500 Kubikmeter, die nach Definition der Vereinten Nationen als Grenze für »absolute Wasserknappheit« gelten.

Die Folge von Knappheit – sei es von Wasser, Lebensmitteln oder anderen existenziellen Gütern –

sind oft soziale Unruhen. Die Erderwärmung bereitet damit besonders in instabilen Ländern den Boden für weitere gewaltsame Konflikte und Terrorismus. Darauf weist auch eine Untersuchung hin, die vom Auswärtigen Amt 2017 in Auftrag gegeben wurde. Ist die Krise erst einmal da, verschlechtern sich wiederum die Möglichkeiten, Maßnahmen zur Anpassung an den Klimawandel zu treffen. Dem »Heiligen Land« könnte über kurz oder lang ein Exodus drohen, wenn nicht mit technologischen und politischen Mitteln gegengesteuert wird. Die Recherchen am Jordan und Toten Meer zeigen aber auch ein grundsätzliches Problem des Klimawandels: Anpassen kann sich, wer Geld hat. Ein Land wie Palästina, das zerrissen ist und politisch wie wirtschaftlich handlungsunfähig, hat dabei ganz schlechte Karten.

Israel / Palästina
Zeitbombe Totes Meer*

Die Fahrt von Jerusalem zum Toten Meer führt
stetig bergab. Nackte runde Bergrücken und
ausgedehnte Mondlandschaften erinnern an
Star-Wars-Kulissen. Hinweisschilder zeigen an,
wie weit man schon ist: zuerst 100, dann 300
Meter unterm Meeresspiegel – bis endlich der
tiefste begehbare Punkt der Erde erreicht ist.

Hier verläuft die Küstenstraße 90. Das Tote Meer ist noch
immer nicht zu sehen, stattdessen Häusergerippe, eingefal-
lene Bushäuschen und Caféhausruinen. Am Straßenrand
warten einige Männer mit Kamelen auf die Gelegenheit, sich
als Fotomotiv ein paar Schekel zu verdienen. Sie haben kaum
etwas zu tun. Es ist nicht zu übersehen: Touristisch ist die Region am Ende.

Zwischen den Klüften der gelben Berge erstreckt sich
schließlich smaragdgrün das Tote Meer. Von der Festung Masada, einem Tafelberg an der Küste, sind Ablagerungen zu

---

* Die ursprüngliche Fassung dieses Artikels erschien am 20. Januar 2015 bei
ZEIT Online.

sehen, die das Meer im Laufe der Jahrhunderte auf seinem Rückzug hinterlassen hat. Mittlerweile sinkt der Wasserspiegel durchschnittlich um einen bis anderthalb Meter pro Jahr. Der Hunderte Quadratkilometer große Salzsee trocknet aus – ein ökologisches Desaster, für das sich bis vor einigen Jahren außer den Anwohnern kaum jemand interessierte. Mittlerweile aber wird klar, wie weitreichend die Folgen sind – für den Tourismus, die Einheimischen und die gesamte Region.

Der Wasserspiegel sinkt, seit Israels Regierung in den 1960er-Jahren den Jordan so gut wie leer pumpte und seinen Zufluss Yarmouk sowie den See Genezareth staute. Der Jordan ist der wichtigste Zufluss des Toten Meers; und er ist politisch umstritten. Die israelische Trinkwasserversorgung hängt wesentlich von ihm ab. Doch an den Fluss grenzen auch der Libanon, Syrien, Jordanien und die Westbank, die ebenfalls ihren Anteil am Wasser verlangen.

Seit Israel den Jordan so sehr beansprucht, zieht sich das Tote Meer zurück. Die Hotels, Ferienhäuser, Badeanstalten und Strandbars wandern der Küstenlinie immer wieder hinterher, oder sie werden verlassen und verfallen.

Als wäre das nicht bedrohlich genug, bricht seit einigen Jahren Anwohnern und Besuchern buchstäblich der Boden unter den Füßen weg. Bis zu 30 Meter breite Einsturzlöcher, sogenannte *sinkholes*, säumen weite Teile der Küste. Und täglich kommt eines hinzu, erklärt der israelische Geologe Eli Raz. Vor vier Jahren brach er selbst während der Arbeit ein; 14 Stunden dauerte es, bis man ihn aus dem Erdloch befreien konnte.

Bald könnte die gesamte Küstenlinie des Toten Meers samt der Straße Nummer 90, den Spa-Hotels und Badeanstalten

Sinkholes am Toten Meer.

von den Löchern verschlungen werden, fürchtet Raz. Millionenschäden wären die Folge. Der Campingplatz in En Gedi, einer Oase an der Küste, musste wegen der *sinkholes* schon geschlossen werden.

Doch die Einsturzlöcher sind nur ein Symptom. Viel gefährlicher ist, dass mit dem Toten Meer auch das Süßwasser verschwindet. Die Grundwasserspeicher der Westbank laufen aus wie ein alter löchriger Eimer – ausgerechnet ins salzige Tote Meer. Damit wird ihr Trinkwasser praktisch unbrauchbar. Doch andere Vorkommen gibt in der Region so gut wie keine.

Rund drei Millionen Israelis und Palästinenser leben in der Westbank. Durch die hohe Geburtenrate steigt ihr Wasserverbrauch stetig. Zwar herrscht in jüdischen Siedlungen und in Israel noch kein Mangel an azurblauen Privatpools und üppigen Obstplantagen. In den palästinensischen Gebieten ist das Wasser jedoch schon heute knapp. Die Palästinenser bekommen nur einen Bruchteil der Vorkommen zugeteilt.

Knappe Wasserressourcen sind kein gutes Omen für eine Region, deren staubige Böden durch die Hitze ohne Wasser wertlos sind. Schon heute blühen auf israelischer Seite die Obst- und Gemüseplantagen, während in Palästina nur das Nötigste zum Eigenbedarf angebaut werden kann. Noch weniger Wasser bedeutet noch mehr Armut. Der Konflikt ist absehbar. Er könnte fatale politische Folgen haben.

Geologisch ist das Phänomen des auslaufenden Trinkwassers relativ einfach erklärt: Regenfälle in den Bergen speisen die Grundwasserspeicher der Westbank, doch nur ein geringer Teil von ihnen kommt überhaupt im Boden an. Der größte Teil verdunstet in der Wüste sofort, oder er fließt oberirdisch in Sturzbächen gleich ins Meer. Der kleinere Teil, der versickert, fließt unterirdisch automatisch in die Richtung des Toten Meers. »Die Schwerkraft leitet das Wasser immer zum tiefsten Punkt«, erklärt der Hydrologe Christian Siebert vom Helmholtz-Zentrum für Umweltforschung in Leipzig, »und das Tote Meer liegt mittlerweile mehr als 420 Meter unter dem Meeresspiegel.«

Die stete Austrocknung des Toten Meers bewirkt, dass seine Wassermassen weniger Druck auf den Untergrund in ihrer Umgebung ausüben. Je weiter der Salzsee zurückweicht, desto schneller fließt das Süßwasser unter der Erde zu ihm hin – ganz so, als würde es angesogen. Inzwischen haben die

Süßwasser aus einer Quelle am Strand fließt ins Tote Meer und wird somit unbrauchbar.

unterirdischen Ströme eine enorme Geschwindigkeit. Am Ende münden sie in Form von Unterwasserquellen in den salzhaltigen See. Vorher spülen sie noch die Salzschichten des umliegenden Bodens aus. So kommt es zu den Einsturzlöchern am Strand.

Von einigen Felsen an der Küste aus kann man die Unterwasserquellen sogar mit bloßen Augen ausmachen: Kleine Wellen plätschern in fast geraden Linien an den Strand, aber dazwischen sieht man kreisförmige Bewegungen, deren Mittelpunkte merkwürdig glatt sind – dort sprudelt unter dem salzigen Seewasser eine Quelle. Wie viele Kubikmeter Wasser pro Jahr so unbrauchbar werden und wie schnell die Vorkommen tatsächlich an ihr Ende kommen, können die Leipziger Forscher noch nicht genau beziffern.

Der Mechanismus wird wiederum von anderen Faktoren wie dem Klimawandel noch verstärkt: Nach Angaben von ebenfalls dort forschenden Meteorologen des Karlsruher Instituts für Technologie (KIT) und israelischen Wissenschaftlern steigen seit Jahren die Durchschnittstemperaturen in der Region. Das hat fatale Folgen für das ohnehin angeschlagene Ökosystem: »Beobachtet wird eine steigende Verdunstung aufgrund höherer Temperaturen und des Seewindes, der vom Mittelmeer herüberweht«, erklärt der Meteorologe Norbert Kalthoff, der in Masada eine Messstation aufgebaut hat. »In diesem Fall verstärken sich die regionalen und klimatologischen Effekte gegenseitig.« Das vom Menschen künstlich beschleunigte Sterben des Toten Meeres fällt so wieder auf den Menschen zurück – verstärkt durch Erderwärmung und einen steigenden Wasserverbrauch.

Aufhalten lässt sich das Sterben des Toten Meeres wahrscheinlich nicht. Zwar gibt es Schreibtischideen wie jene, einen Kanal vom Roten zum Toten Meer zu bauen, um den Salzsee wieder aufzufüllen, aber die Forscher des Helmholtz-Zentrums halten derlei Großprojekte für nicht besonders sinnvoll.

Siebert und seine Kollegen haben eigentlich nur einen Rat: Die Regierungen Jordaniens und Israels sowie die Palästinenserbehörde müssten sich zusammentun, um gemeinsam nach Lösungen zu suchen. Erst vor Kurzem versuchten die Forscher, alle drei Seiten in einer studentischen »Winter School« an einen Tisch zu bringen. Doch das Vorhaben scheiterte, als

Ende 2014 die Gewalt zwischen Israel und den Palästinensern wiederaufflammte.

Heute sei es schwieriger denn je, die verschiedenen Parteien an einen Tisch zu bekommen, sagen Siebert und seine Kollegen. Viel Zeit bleibt den Anrainern des Toten Meers allerdings nicht mehr. Denn schon in wenigen Jahrzehnten könnte der Salzsee verschwunden sein. Und mit ihm auch das Trinkwasser.

WESTBANK & GAZA IN DATEN

CO_2-Ausstoß pro Kopf:
0,58 Tonnen (2013)

Weltklimaabkommen:
Ratifiziert am 22. April 2016.

Klimaziel 2030:
Im Falle einer Unabhängigkeit des Staates Palästina werden 40 Prozent Treibhausgasreduktion gegenüber dem Business-as-usual-Szenario angestrebt, beim derzeitigen politischen Status nur 12,8 Prozent – beides unter der Bedingung internationaler Hilfe.

Anteil von erneuerbaren Energien im Energiemix:
1,4 Prozent im Jahr 2012, vor allem thermische Solaranlagen und Photovoltaik

Abhängigkeit von fossiler Energieerzeugung:
Die Energieversorgung ist fast ausschließlich von Israel, genauer: von der Israel Electric Corporation, (IEC) abhängig.

Bevölkerungsentwicklung:
Anstieg von 4,5 Millionen im Jahr 2016 auf 9,7 Millionen im Jahr 2050

Elektrifizierungsrate:
100 Prozent, wobei die Stromversorgung nicht stabil ist, schätzungsweise nur 6 Stunden Strom am Tag pro Haushalt vorhanden.

Pkw pro Einwohner:
60 Autos pro 1.000 Einwohner

Israel / Palästina
Heiliger, unheiliger Jordan*

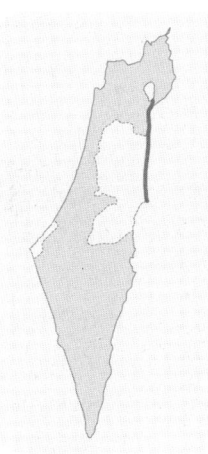

Der Jordan ist der Ganges des Christentums.
Millionen Pilger reisen jedes Jahr an seine Ufer.
In Yardenit verlassen sie die Reisebusse, werfen
sich weiße Gewänder über und steigen unter
Gebeten und Gesängen in die heiligen Fluten.
Andächtig werden Passagen aus der Bibel ver-
lesen.

Diese Idylle bliebe wohl ungetrübt, gäbe es nicht Mira Edelstein. Die israelische Umweltschützerin hat es sich zur Mis-
sion gemacht, den anderen den »unheiligen« Jordan zu zeigen.
Sie fährt mit ihren Besuchern von Yardenit wenige Kilometer flussabwärts zum Alumot-Damm. Dort ist der Jordan nur
noch ein kleines stinkendes Bächlein. Keine Spur mehr von
Heiligkeit. Oberhalb des Dammes staut sich sauberes Wasser,
in dem sich die Pilger taufen lassen. Das wird auch auf die an-
liegenden Bananenfelder gepumpt. Auf der anderen Seite des
Dammes fließen Salz- und Abwasser aus rostigen Stahlrohren

---

* Die ursprüngliche Fassung dieses Artikels erschien am 18. November 2009 in
Neues Deutschland.

ins Flussbett: Die übel riechende Mischung heißt hier immer noch Jordan, er fließt noch knapp 200 Kilometer weiter und mündet ins Tote Meer.

»Das ist die traurige Wahrheit des sogenannten heiligen Flusses«, erklärt Edelstein, die für Friends of the Earth Middle East arbeitet. Schon an der Mündung des Sees Genezareth sei der Jordan fast ein stehendes Gewässer. Kaum vorstellbar, dass dieses Rinnsal zu Zeiten Jesu ein reißender Strom war.

Grund für das jammervolle Schicksal des Jordans ist der Durst seiner Anrainer. Allein Israel pumpt jedes Jahr rund 200 Millionen Kubikmeter aus dem See Genezareth – durch den der Jordan fließt – in seine Versorgungsarterien, den National Water Carrier. Dieser versorgt von Tel Aviv bis in die Negevwüste ganz Israel mit Trinkwasser.

Doch der Verbrauch der Israelis steigt. Im See kommt wegen der anhaltenden Dürre und des Fehlens von Winterregen immer weniger Wasser an. Schon auf den von Israel besetzten Golanhöhen, aus denen zahlreiche Zuflüsse des Jordans kommen, die im See Genezareth münden, klagen die Einwohner über versiegende Quellen und rationierte Wassermengen.

»Der Konflikt um Wasser ist ein Sicherheitsproblem für alle angrenzenden Staaten«, erklärt die israelische Umweltschützerin. In den letzten Jahren sei die Regenmenge stark zurückgegangen. Das Tote Meer erreiche deshalb kaum noch Wassernachschub, der Wasserspiegel sinke pro Jahr um rund einen Meter. Eine wachsende Bevölkerung, immer weniger Niederschlag und langjährige Dürre könnten das ohnehin schon wasserarme Gebiet irgendwann unbewohnbar machen.

Dabei verstärken sich die Effekte des Klimawandels und des steigenden Wasserverbrauchs für die Landwirtschaft – vor allem Obst- und Gemüseplantagen in Israel – gegenseitig.

Der untere Jordan südlich des Alumot-Damms bleibt eine Kloake. Sämtliche Zuflüsse, die südlich des Sees Genezareth in den Fluss mündeten, sind mittlerweile so gut wie ausgetrocknet. Ihr Wasser wurde mit Dämmen und Pumpen auf Bananen- oder Orangenplantagen verteilt, ehe es den Fluss erreichen konnte. Immer mehr Wasser wird gebraucht, immer weniger fließt aus den Quellen nach.

Doch der untere Jordan interessiert niemanden mehr. Er ist nicht viel mehr als die Grenze zu Jordanien: ein kaum vier Meter breiter, übel riechender Kanal, umgeben von Minenfeldern und Stacheldraht. Vor 60 Jahren rauschten noch 1,3 Milliarden Kubikmeter Wasser jährlich durch das Flussbett – nun sind es kaum mehr 100 Millionen. Der Umweltschützerin Edelstein bleibt nur Sarkasmus: »Ohne das zugeleitete Ab- und Salzwasser gäbe es den Jordan gar nicht mehr.« Ebendeshalb trocknet auch das touristisch so beliebte Tote Meer aus: Sein wichtigster Zufluss versiegt.

Im Westjordanland gab es noch vor der israelischen Besetzung unzählige Felder, auf denen palästinensische Bauern Obst, Gemüse und Kräuter anbauten. Doch das ist lange vorbei. Eine der ersten Handlungen der israelischen Armee nach dem Sechstagekrieg 1967 sei die Kappung der Wasserleitungen vom Jordan zu den Feldern gewesen, erklärt der palästinensische Ingenieur Nader Hatab. Derzeit werde nur noch ein Bruchteil der früher bewässerten Flächen bewirtschaftet: Es mangele schlicht am Nass.

Versiegen auch noch die natürlichen Quellen, stehen die Menschen vor dem Nichts. In der Gemeinde Ouja bei Jericho ist das bereits passiert. Die meisten Haushalte hier sind noch nicht einmal an das Leitungssystem angeschlossen, so wie rund ein Drittel aller palästinensischen Dörfer. Vor 30 Jahren wurde den Bauern der Zugang zum Jordan genommen. Nun versiegt auch die natürliche Al-Ouja-Quelle.

Die Folgen der israelischen Wasserpolitik sind offensichtlich: Im gesamten Westjordanland sieht man kaum grüne Flecken oder gar Gewächshäuser. Landwirtschaft gibt es kaum. Die Gegend ist kahl, bedeckt mit weißem Gestein und einigen verdorrten Olivenbäumen. Passiert man den Kontrollposten zum israelischen Kernland, verändert sich das Bild schlagartig: Rechts und links der Straße liegen Felder wie grüne Teppiche, voluminöse Gewächshäuser, Dattel- und Bananenplantagen erstrecken sich, so weit das Auge reicht.

»Die Israelis haben sehr schnell begriffen, was in dieser Region am wertvollsten ist«, erklärt der deutsche Hydrologe Clemens Messerschmidt: »Kein Wunder, dass sie sich nach dem Krieg 1967 zuerst die Wasserhoheit in den besetzten Gebieten sicherten.« Dazu gehörten die oberen Zuflüsse des Jordans auf den Golanhöhen und die unterhalb liegenden Trinkwasservorkommen. »Als erste Amtshandlung führten sie das Permitsystem ein: Danach müssen alle Palästinenser Anträge stellen, wenn sie auch nur eine Schraube für eine Wasserleitung haben wollen«, erläutert Messerschmidt sichtlich verbittert. Eine Erlaubnis brauche man in Sachen Wasser für alles: um Brunnen zu bohren, Zisternen zu bauen und Leitungen auszubessern.

Christliche Pilger am »heiligen Fluss« Jordan.

»Alle Anträge können ohne Begründung abgelehnt werden«, fährt Messerschmidt fort. Die Chance, einen Brunnen genehmigt zu bekommen, sei sehr gering. Deshalb hätten es internationale Hilfsorganisationen aufgegeben, sich um Wassererschließung zu kümmern. »Dabei wäre das genau die Hilfe, die die Bauern hier dringend brauchen: Druck von außen auf die israelischen Behörden.«

»Ich bin der Chef von virtuellem Wasser«, klagt Dr. Shaddat, Leiter der palästinensischen Wasserbehörde. Er sei ausschließlich damit beschäftigt, das von den israelischen Behörden zugewiesene Wasser zu verteilen. »Palästinensische Bauern aus dem ganzen Land kommen hier nach Ramallah und bitten mich um mehr Wasser – doch ich kann ihnen nicht helfen.« Israel beansprucht laut einem Amnesty-Bericht von 2009 mehr als 80 Prozent der unterirdischen Wasservorräte des Westjordanlandes für sich. Israel bestimmt auch, wie viel davon an Palästinenser verteilt wird. Der errechnete Verbrauch beider Völker spricht für sich: Laut Amnesty nutzt ein Israeli durchschnittlich 300 Liter am Tag; bei einem Palästinenser sind es gerade mal 70, in armen Regionen 20 Liter, die pro Person und Tag zur Verfügung stehen. Die israelische Wasserbehörde bestreitet die Angaben von Amnesty und wirft der Organisation einseitige Berichterstattung vor.

»Es trifft immer zuerst die Ärmsten einer Gesellschaft«, sagt Messerschmidt. In Ramallah, dem Sitz der palästinensischen Autonomiebehörde, sei von der Wasserkrise nichts zu merken. »Ich lebe schon seit zwölf Jahren in Ramallah, und es kam immer Wasser aus dem Hahn.« Solange die herrschende Schicht das Problem nicht hautnah erlebe, werde sich auch nichts ändern – das sei in Palästina nicht anders als in jedem anderen Land. Enttäuscht ist der Hydrologe aber vor allem von Europa: Die westlichen Entwicklungsorganisationen drückten sich um die Auseinandersetzung mit Israel. »Der Konflikt um das Wasser ist ein leiser, aber er ist existenziell«, so Messerschmidt.

Dabei sind die Widersprüche offensichtlich: Im oberen Teil des israelischen Jordantals wird sogar zum Wassersport geladen. Kreischende Schulklassen aus ganz Israel tummeln sich im kühlen Nass des »Jordan River Park«. Hundert Kilometer südlich würden Besucher nicht einmal mehr ihren kleinen Finger in die Brühe stecken. Doch im Westjordanland ist es ohnehin verboten, auch nur in die Nähe des Flusses zu kommen. Kein Wunder, dass man in Israel nichts vom Jordan und von seinem Schicksal weiß. Eine israelische Zollbeamtin fragte bei der Ausreise verblüfft: »Über den Jordan? Was gibt es denn über den zu schreiben?«

ISRAEL IN DATEN

CO_2-Ausstoß pro Kopf:
8,74 Tonnen (2013)

Weltklimaabkommen:
Ratifiziert am 14. Oktober 2016

Klimaziel 2030:
Reduktion der Treibhausgasemissionen um 26 Prozent bis 2030 gegenüber den Emissionsraten von 2005

Anteil von erneuerbaren Energien im Energiemix:
5 Prozent (2014), bis 2020 sollen 10 Prozent erreicht sein, u. a. durch Solarparks in der Negevwüste.

Abhängigkeit von fossiler Energieerzeugung:
Erdöl liegt bei der Primärenergieerzeugung mit über 40 Prozent vorn, gefolgt von Kohle (28 Prozent) und Erdgas (26 Prozent). Da das Land in den vergangenen Jahren größere Gasfelder im Mittelmeer entdeckte, könnte sich die Importrate von allen drei Energieträgern verringern.

Bevölkerungsentwicklung:
Rückgang von 10,9 Millionen im Jahr 2016 auf 9,7 Millionen im Jahr 2050

Pkw pro Einwohner (2015):
319 Autos pro 1.000 Einwohner

KAPITEL 5

Stimmen der Klimaforschung

»Aber ein jeder, der in der Ferne ein Land studieren will, er habe es früher nun selbst gesehen oder nicht, wird immer so viel Zeugen aufsuchen, als er nur kann«, sagte Johann Wolfgang von Goethe. Doch jenseits der »Zeugen« eines jeden Ortes, die ich in diesem Buch zitiere und deren Geschichte erzählt wird, soll im letzten Kapitel die Wissenschaft zu Wort kommen. Allen voran der wohl bekannteste Klimaforscher Hans Joachim Schellnhuber, dessen Buch *Selbstverbrennung* mich und meine Kollegen stark beeinflusst hat. Sein »Wälzer« liegt stets auf unseren Schreibtischen – zum Nachschlagen, Schmökern, zur Inspiration. Schellnhuber ist wohl der erste deutsche Klimaforscher, der aus seiner Forschung herausgetreten ist und mit *Selbstverbrennung* nicht nur ein Standardwerk zum Klima und zu seiner Historie geschrieben hat, sondern auch seine persönliche Geschichte erzählt. Ein Novum für solch eine ernste Disziplin und ein Versuch, Forschung an Leben und Gesellschaft heranzutragen.

In diesem Sinne machen auch die drei Interviews in diesem Kapitel klar, dass der Klimawandel keine Theorie oder der Klimaschutz eine Meinung ist. Dabei bedarf es keines Alarmismus, denn nichts ist so dramatisch wie die Realität. Es genügt, diesen Forschern zuzuhören und sie nach ihrer Arbeit zu befragen.

Dennoch bleibt die Frage, wie das vermeintliche Abstraktum »Klimawandel« spürbar wird, wie seine Gefahren an Politik und Gesellschaft herangetragen werden können. Zwar ist das Wissen in der Welt, aber auch die Klimaforschung fragt sich immer öfter, wie dieses Wissen nun in Handeln umgesetzt werden kann. Schließlich bleibt uns nur noch wenig Zeit, um Schlimmeres zu verhindern. Und was nützt all das zugängliche Wissen, wenn populistische Bewegungen weltweit die Ergebnisse jahrzehntelanger Forschung mit ein paar Tweets vom Tisch wischen? Nicht nur die AfD, sondern auch Marktradikale und Konservative in der FDP und der Union – und europaweit in vielen anderen Parteien – versuchen die nötige Transformation hin zu einer dekarbonisierten Welt zu bremsen; mal mit mehr, mal mit weniger Erfolg. Dass die Klimaskeptiker nun als Oppositionsführer im Deutschen Bundestag sitzen, wird ihre Position stärken. Für die letzte Reportage dieses Buches bin ich deshalb ins brandenburgische Kremmen gefahren. Argumente und Gestus vieler sogenannter Naturschützer wirken in einer aufgeklärten und globalisierten Welt wie aus der Zeit gefallen. In die von ihnen ersehnte Vergangenheit sollten wir auf keinen Fall zurück – sondern uns lieber damit beschäftigen, wie wir diesen Planeten den kommenden Generationen lebenswert übergeben können.

Hans Joachim Schellnhuber

»Physiker dürfen über Moral sprechen«*

Hans Joachim Schellnhuber ist der Superstar der internationalen Klimaforschung. Bis zu seiner Abdankung im September 2018 engagierte sich der Gründer des Potsdam-Instituts für Klimafolgenforschung (PIK) für die Etablierung einer weltweit vernetzten Klimaforschung. Er arbeitet im Weltklimarat IPCC mit und im Wissenschaftlichen Beirat Globale Umweltveränderungen (WBGU) als Berater hochrangiger Politiker, darunter auch Bundeskanzlerin Merkel. Sein 2016 erschienenes Buch Selbstverbrennung ist eine Weltgeschichte des Kohlenstoffs und zugleich ein Handbuch zur Klimaforschung für jedermann. Damit betritt ein Klimaforscher erstmals politisches Terrain, denn Selbstverbrennung ist mehr

* Das Interview führten Susanne Götze und Benjamin von Brackel. Es erschien erstmals am 9. November 2015 bei Klimaretter.info.

als ein Erklärbuch: Es ist eine Warnung vor dem, was uns im
21. Jahrhundert droht. Der Physiker erntete dafür auch Kritik.
Nicht alle begrüßen es, wenn sich Wissenschaftler aus ihrem El-
fenbeinturm in die Niederungen der politischen Diskurse bege-
ben.

Herr Schellnhuber, Sie schreiben in Ihrem Buch, dass Sie jetzt
den Schutzraum der freien Wissenschaft verlassen haben.
Wie fühlen Sie sich als kapitalismuskritischer Aktivist?

Ich bin und bleibe Wissenschaftler – nur dass ich aus den Risiken für die Menschheit, die wir Forscher beim Klimawandel aufgedeckt haben, eine Verantwortung ableite. Nämlich die,
meine Stimme zu erheben, auch jenseits der für die Normal-
bevölkerung unverständlichen Fachjournale. Damit mache ich
mich angreifbar. Mit Aktivismus hat das aber nichts zu tun.

Es gibt natürlich die Divestment-Bewegung und auch ka-
pitalismuskritische Autoren wie Naomi Klein, die dazu ein-
schlägige Bücher geschrieben haben. Manche glauben, dass
die Marktwirtschaft in irgendeiner Form abgeschafft werden
muss, um das Klima zu retten. Ich denke das nicht. Wir müssen jetzt einfach versuchen, jeder auf seine Weise in die neue
Zeit zu steuern: ob die USA mit eher kapitalistischen Perspektiven oder China unter der Kommunistischen Partei. Wenn
wir es schaffen, mit dieser Melange von Systemen das Klima-
problem anzugehen, wird das unsere Wirtschaftsweise trotzdem nicht unberührt lassen.

Also wird erst das Klima gerettet und dann der Kapitalismus abgeschafft?

Ich glaube, die Wirtschaft wird sich dahingehend verändern, dass man nicht mehr nur über den Preis, sondern auch über den Wert einer Sache nachdenkt. Nicht umsonst sprechen wir zum Beispiel im WBGU schon lange von einer »Großen Transformation«. Es gibt denkbare Szenarien, wonach sich der Kapitalismus sozial weiterentwickelt, um zu überleben. Ich könnte mir durchaus vorstellen, dass sich das heutige Wirtschaftssystem ökologisch »auflädt«.

Sie sind mit dem neuen Buch vom Wissenschaftler zum Propheten geworden, der eine Botschaft unter die Menschen bringen will: Wann haben Sie sich zu diesem Schritt entschieden?

Ich bin nicht vom Wissenschaftler zum »Moralprediger« geworden, sondern habe mich gewissermaßen aufgespalten. Als Wissenschaftler publiziere ich weiterhin – mehr denn je sogar. Da geht es nur um die Fakten. Das Thema Klimawandel ist so faszinierend – man fühlt sich wie in den frühen Zeiten der Quantentheorie, wo in jeder Ecke eine neue Entdeckung gemacht wurde.

Doch die Klimaforschung unterscheidet sich von vielen anderen Fragestellungen der Physik, denn die Erkenntnisse haben enorme Auswirkungen auf die Gesellschaft und damit auch eine moralische Relevanz. Es ist eben nicht egal, was ich erforsche und wem ich darüber erzähle, es ist ein Thema, das alle Menschen betrifft.

Aber befürchten Sie nicht, dass Sie dadurch an Renommee verlieren?

Ich habe mich entschlossen, der Aussage »Physiker dürfen nicht über Moral sprechen« kein Gehör mehr zu schenken. Wenn meine Physik gut ist, ist sie gut. Das hat nichts mit Moral zu tun. Aber warum soll ich nicht die moralischen Dimensionen unserer Einsichten ebenfalls vermitteln?

Ein Schlüsselerlebnis für diese Entscheidung war sicherlich die Enzyklika des Papstes Franziskus. Der Papst macht eine moralische Aussage, aber er stützt sich auf die Wissenschaft. Bei mir ist es eben umgekehrt: Ich mache wissenschaftliche Aussagen, stütze mich aber auf die Moral.

Sie sind auch als Politikberater tätig, unter anderem für Angela Merkel. Wie reagieren Politiker auf solche Mahnungen und Appelle?

Man trifft manchmal auf Politiker, die überhaupt nichts davon hören wollen. Denn sie wissen ja alles schon. Andere wiederum sind sehr offen. In erster Linie wollen Politiker einfach den Experten hören. Früher wurden beispielsweise beim Bau einer Brücke über den Öresund nur Statiker befragt. Heute wird sich auch die Frage gestellt: Warum sollten wir diese Brücke denn überhaupt bauen? Es wird nun auch auf soziale und ökologische Argumente gehört.

Wen wollen Sie denn mit dem Buch erreichen? Und: Ist es realistisch, die Öffentlichkeit mit einem 700-Seiten-Wälzer aufrütteln zu wollen?

Wer an die Kraft des Wortes nicht glaubt, dem ist nicht zu helfen. Das Buch ist lang, aber das Thema ist eben auch groß. Ich habe bewusst versucht, eingängig und möglicherweise sogar unterhaltsam zu schreiben, also für alle – denn der Klimawandel ist die größte Umwälzung unseres Jahrhunderts, er betrifft jeden und jede. Auch die technischen Passagen habe ich so verständlich wie möglich gestaltet: welche Rolle die Quantentheorie in der Klimaforschung spielt, wie aus Wettervorhersagen die Klimaszenarien entstanden sind – so einfach wie möglich. Aber nicht noch einfacher! Im Buch geht es um die Weltgeschichte des Kohlenstoffes und seine Rolle in der Entstehung der modernen Zivilisation – erzählt anhand meiner Lebensgeschichte.

Wollen Sie mit dem Buch auch das von Ihnen benannte »Weltbürgertum«, also die Zivilgesellschaft, erreichen, in die Sie so große Hoffnungen legen?

In einem Kapitel geht es um die globale, wenn auch chaotisch organisierte zivile Gesellschaft. Deren Rolle ist inzwischen viel größer als noch vor zehn Jahren. Bei den Verhandlungen über das Kyoto-Protokoll etwa haben die Delegationen noch unter sich gepokert und geschachert. Heute ist das ein globaler Dialog. Daran sollten vor allem Menschen teilnehmen, die mit den Folgen des Klimawandels leben müssen. Das sind vor allem künftige Generationen und insbesondere Menschen aus armen Ländern. Auch für sie habe ich das Buch geschrieben.

Doch den neuen Klimavertrag muss am Ende die Politik durchkämpfen. Kann die Klimadiplomatie denn die Klimakrise lösen?

Es geht vor dem Paris-Gipfel zu wie vor einem Showdown in einem Western. Die Leute, die dort versuchen, ein Abkommen zu unterzeichnen, meinen es dieses Mal aber wirklich ernst. Paris soll mehr werden als die Luftnummer des Kyoto-Protokolls. Damals – 1997 – hatte Al Gore seinen großen Auftritt, obwohl er genau wusste, dass sein Land nie unterschreiben würde. Die USA haben damals sechs oder sieben Prozent CO_2-Reduktion versprochen, und jeder wusste, dass sie das nicht einhalten würden. Mir haben die Klimadiplomaten in den aktuellen Verhandlungen gesagt, dass sie es allein nicht schaffen können. Für einen vernünftigen Vertrag brauchen sie Rückenwind: von Kirchen, Industrieverbänden, Bürgermeistern und Umweltgruppen. Die Stabilisierung unseres Klimas ist erreichbar.

Anders als noch auf der gescheiterten UN-Konferenz in Kopenhagen?

Wir haben heute einen völlig neuen Ton. Damals waren die Nichtregierungsorganisationen noch ein lästiges Anhängsel oder eine folkloristische Verzierung. Diese Rollenverteilung hat sich inzwischen verändert. Das ist sicher eine sehr positive Sicht auf die Dinge …

... und Ihr Kollege Ottmar Edenhofer sieht das ganz anders. Er glaubt nicht, dass Bewegungen wie Divestment etwas bringen.

Wir streiten uns manchmal, und das gehört zu guter Wissenschaft auch dazu. Wobei es oft einfach darum geht: Ist das Glas halb voll oder halb leer? Das ist eine Sache der Bewertung, selbst wenn man bei der strikt wissenschaftlichen Messung der Milliliter Flüssigkeit im Behälter übereinstimmt. Mein Kollege stützt sich klar auf Kosten-Nutzen-Analysen. Aus meiner Sicht bringt das allein jedoch nichts.

Ich versuche, eher einen historischen Zugang zu finden. Divestment ist ursprünglich aus dem Widerstand gegen das Apartheidregime entstanden. Damals wurde der moralische Druck auf Investoren so groß, dass Südafrika schließlich zum Einlenken gezwungen wurde. Wenn sich eine Bewegung moralisch genug auflädt, dann setzt sich diese Moral auch irgendwann betriebswirtschaftlich und politisch durch.

Ich habe mich mit Edenhofer auch auf Gemeinsamkeiten geeinigt: Natürlich sind ökonomische Instrumente und Perspektiven wichtig. Doch es braucht eben auch den nötigen Zorn der Menschen, die von ihren Regierungen bei den Verhandlungen in Paris vertreten werden.

Glauben Sie, dass dieser Zorn jetzt da ist?

Vor allem hoffe ich, dass es gar nicht so weit kommen muss. Ein neues Kopenhagen wird es nicht geben. Ich war in der entscheidenden Nacht 2009 damals bei den Verhandlungen dabei. Als ich am Morgen das Bella-Center verlassen habe, dachte ich: Da muss jetzt ein Wutschrei um die Welt gehen.

Doch das Einzige, was ich sah, war ein kleines Häuflein von Demonstranten, die von doppelt so vielen Polizisten abgeschirmt wurden. Das war sie also, die Weltopposition, der Wutschrei. Das hat mich damals sehr frustriert.

Ist es nicht etwas zu optimistisch, darauf zu hoffen, dass die Moral siegt?

Es ist das Einzige, worauf wir hoffen können. Natürlich müssen Wirtschaft und Politik mitziehen. Aber wenn es um Leben und Tod oder um Liebe und Hass geht, dann zählt nur das, woran jemand glaubt und was es ihm oder ihr wirklich wert ist. Wenn es um das Schicksal von Zivilisationen geht, dann glaube ich nicht, dass man mit einer Buchhaltermentalität weiterkommt. Wir müssen das schützen, was uns wirklich am meisten am Herzen liegt. Und dafür muss man vielleicht sogar so »unglaublich harte« Einschnitte hinnehmen wie etwa den, nicht fünfmal in der Woche Steak zu essen.

Johan Rockström

»Ohne die Meere hätten wir 36 Grad mehr«*

Johan Rockström arbeitet für das Stockholm Resilience Center und gilt als Erfinder des Konzepts der »planetaren Grenzen«, das im Jahr 2009 erstmals die ökologischen Belastungsgrenzen der Erde aufzeigte. Ab September 2018 leitet er zusammen mit Ottmar Edenhofer das Potsdam-Institut für Klimafolgenforschung. Für den schwedischen Umweltforscher ist der Meeresschutz von zentraler Bedeutung: Er garantiere letztlich das Überleben der Menschheit. Die Ozeane sind für ihn das Thermostat der Erde. Ohne sie würde der Planet schon heute unbewohnbar. Die Menschheit zeigt sich allerdings wenig dankbar: Die Ökosysteme der Meere sind durch enorme Überfischung bedroht und zur Müllkippe des Planeten verkommen.

* Das Interview erschien erstmals am 2. Juni 2017 in der *Frankfurter Rundschau*.

Als Autor des Konzepts der »planetarischen Grenzen« haben Sie schon 2009 alarmierende Zahlen über den Zustand unserer Ökosysteme veröffentlicht. Wie steht es heute um die Weltmeere?

Das Konzept der »planetarischen Grenzen« beschreibt den Istzustand der Regulierungssysteme unserer Erde. In den letzten 12.000 Jahren waren diese natürlichen Stützpfeiler unseres Erdsystems mehr oder weniger stabil. Deshalb konnte die Menschheit die moderne Welt, wie wir sie kennen, überhaupt erschaffen. Dafür sind chemische und physikalische Prozesse verantwortlich: Es geht um das Klimasystem, die Stratosphäre, die Biosphäre oder auch die Ozeane. Wir sind darauf gestoßen, dass die Weltmeere eine überproportional große Rolle für die Regulierung unseres Planeten spielen.

Warum sind die Meere denn so wichtig?

Wir leben auf einem Blauen Planeten, und die Ozeane sind das Thermostat unserer Erde. Das ist so, als würden wir in einem Haus mit Wasserheizung leben. Wenn wir im Winter nach Hause kommen, dauert es lange, bis alles richtig durchgeheizt ist. Aber wenn es einmal warm ist, bleibt die Wärme auch. Genauso funktionieren Ozeane – wie ein riesiger Wärmespeicher.

Die dramatische Erkenntnis der Wissenschaft ist: Die Wärme, die wir in den vergangenen 150 Jahren durch die Verbrennung von fossilen Rohstoffen erzeugt haben, hat uns bisher 1,2 zusätzliche Grad beschert. Doch von der tatsächlichen Erwärmung haben die Meere 95 Prozent geschluckt. Die Wärme wurde quasi unter den Teppich der planetarischen Maschinerie gekehrt.

Was wäre passiert, wenn die Meere die Wärme nicht aufgenommen hätten?

Würde die gesamte gespeicherte Wärme aus dem Meer auf einmal in die Atmosphäre entlassen werden, hätten wir von heute auf morgen einen Temperaturanstieg von 36 Grad. Und derzeit bangen wir um drei oder vier Grad Erwärmung bis zum Ende des Jahrhunderts! Bei 36 Grad mehr würden wir uns auf einen Schlag auf einem venusartigen Planeten wiederfinden, auf dem kein Leben möglich ist. Das zeigt die Macht der Ozeane.

Aber auch das Meer selbst ist in Gefahr. Berichtet wird über riesige Plastikmüllstrudel in den Ozeanen und eine großflächige Verschmutzung.

Alles, was wir an Land produzieren und nicht richtig entsorgen, landet im Meer. Die Meere sind der Regulator und gleichzeitig auch das Opfer unserer Produktionsweise. Auch vom Treibhausgasausstoß bleiben die Meere nicht unberührt: Die Ozeane nehmen rund 25 Prozent des CO_2 auf, das wir produzieren. Das verändert ihr Ökosystem. Sie versauern. Außerdem fließen Chemikalien wie Düngerreste und andere Schadstoffe ins Meer und natürlich auch Tonnen von Plastikmüll.

Hinzu kommt eine massive Überfischung: 30 Prozent unserer Fischbestände sind stark gefährdet, und 60 Prozent laufen Gefahr, bald überfischt zu werden – das sind 90 Prozent aller verfügbaren Bestände! Wenn Sie einen Eindruck davon bekommen wollen, was wir alles falsch machen, fragen Sie die Meere.

Was kann die Weltgemeinschaft tun?

Am Umgang mit den Meeren entscheidet sich, ob es der Menschheit gelingt, dass die Erde auch in Zukunft lebenswert bleibt. Die UN-Staaten haben sich vor zwei Jahren auf 17 Nachhaltigkeitsziele geeinigt, die bis 2030 erreicht werden sollen. Ziel Nummer 14 ist der Schutz der Meere. Wenn wir nicht auf eine Katastrophe – ökologisch wie sozial – zusteuern wollen, müssen wir dringend aufhören, noch mehr Dünger auf unsere Felder zu schütten und die Fischbestände zu schröpfen. Wir müssen aufhören, fossile Ressourcen zu verbrennen, wenn wir die Meere nicht weiter aufheizen wollen. Und natürlich darf kein Plastik mehr im Meer landen, und die Chemikalien in der Landwirtschaft müssen durch ökologische Alternativen ersetzt werden.

Es gibt aber unter den UN-Nachhaltigkeitszielen auch das Ziel 2: Ernährungssicherheit. Widerspricht das nicht dem Meeresschutzziel?

Das eine hängt vom anderen ab: Wenn wir nicht die Meere und seine Bewohner schützen, werden wir es kaum schaffen, im Jahr 2030 acht Milliarden Menschen mit Essen zu versorgen. Egal, ob man vom Land oder vom Meer aus denkt: Beide Perspektiven bedingen einander. Wir brauchen die Proteine aus dem Meer und einen nachhaltigen Anbau von Nahrung an Land.

**Wie ist das zu schaffen, wenn die Meere und ihre Fischbe-
stände schon heute so stark gefährdet sind?**

Wir müssen unsere Meere nachhaltig bewirtschaften. Man
darf nicht warten, bis es eine Fischart nicht mehr gibt, sondern
muss vorher eingreifen. Wir müssen lernen zu teilen. Denn
wir können es uns in Zukunft nicht mehr leisten, dass eine rei-
che Minderheit weiter im Überfluss lebt. Das heißt auch: ein
Ende der Lebensmittelverschwendung und eine »Nachhaltig-
keitsdiät« – weniger Fleisch und auch weniger Meerestiere.

**Natürlich kann jeder Einzelne etwas tun, aber gibt es auch
Ideen, wie man den Unternehmen Nachhaltigkeit beibringt?**

Das versuchen wir gerade: Unter Tausenden Fischereibetrie-
ben gibt es nur 13 Unternehmen, die einen Großteil des globalen Marktes bestimmen. Sie fischen große Mengen, kont-
rollieren eine Reihe von Subunternehmen, und ihr Einfluss
reicht oft bis in Regierungskreise. Gemeinsam mit der schwedischen Regierung haben wir sie eingeladen, um mit ihnen zu
reden. Denn ist erst mal das Ökosystem der Meere zerstört,
ist auch ihr Geschäftsmodell am Ende. Was wäre, wenn diese
13 Unternehmen sich zu einer Initiative zusammenschließen,
um nachhaltige Fischerei zu fördern? Sie könnten die gesamte
Marktlogik ändern.

Geoffrey Parker

»Dummheit schafft Katastrophen«*

Geoffrey Parker untersucht an der Ohio State University in den USA den Einfluss von Klimaereignissen auf historische Konflikte wie Revolutionen und Kriege. Der Historiker gibt Vorlesungen zur Umweltgeschichte und veröffentlichte 2013 einen Band über den Zusammenhang von Klimawandel und Konflikten im 17. Jahrhundert (Global Crises. War, Climate Change and Catastrophe in the Seventeenth Century). Wetterveränderungen haben in der Geschichte oft eine große Rolle gespielt, werden aber selten im Zusammenhang gesehen. Ein Fehler, wie Geoffrey Parker betont.

---

* Das Interview erschien erstmals am 15. April 2016 in der *Frankfurter Rund-schau.*

Herr Parker, Millionen Menschen fliehen derzeit aus Syrien vor Krieg und Extremisten. Was hat das mit dem Wetter zu tun?

Geoffrey Parker: Syrien ist ein besonders drastisches Beispiel für eine ignorante Politik, die sich 2010 einfach nicht um die Folgen einer der schlimmsten Dürrekatastrophen gekümmert hat. Dann kam eines zum anderen: Bauern mussten ihr vertrocknetes Land verlassen und in die bereits überfüllten Städte ziehen. Dort konnte den Menschen auch keiner helfen. Viele liefen dann zum Islamischen Staat über. Die Situation ist ganz ähnlich wie Ende des 16. Jahrhunderts: Auch damals mussten in der Region Bauern aufgrund einer Dürre ihre Heimat verlassen.

Viele dieser Menschen machten dann bei den Celali-Aufständen gegen das Osmanische Reich mit. Wie schon der portugiesische Historiker Manuel de Melo 1640 schrieb: »Es gibt nichts, was hungrige Männer nicht tun würden.«

Sie lehren Ihre Studenten, dass man ohne Klimadaten keine Geschichte schreiben kann. Aber ist es nicht zu einfach, die Ursachen für Revolutionen und Kriege auf Wetterveränderungen zu reduzieren?

Nicht nur Historiker nehmen das Klima nicht ernst, niemand nimmt es ernst. Im Weltklimarat IPPC arbeitet nicht ein Historiker. Warum? Wir haben eine enorme Klimageschichte aufzuarbeiten! Natürlich geht es nicht darum, alles auf Klima- und Wetterereignisse zurückzuführen. Wir untersuchen das Zusammenspiel von natürlichen und menschlichen Kräften. Es ist eine Interaktion, die sich gegenseitig verstärkt. Die Geschichte zeigt, dass menschliche Dummheit aus einer Krise eine Katastrophe macht – der Klimawandel führt zu einer Krise, aber menschliches Handeln führt dann zur Katastrophe.

Können Sie ein historisches Beispiel für diese Dummheit geben?

Der Dreißigjährige Krieg. Oder die Aufstände in Großbritannien, Schottland und Irland während der Regierungszeit Karls I. von 1625 bis 1649. Diese Ereignisse sind eng mit einer ernsten Klimakrise verbunden. Der Grund, warum sich Schottland gegen Karl I. erhob, war nicht nur religiöser Natur. Ja, die Schotten hatten Angst um ihr Seelenheil und ihren Zugang zum Himmelreich. Die Angst kam aber daher, weil sie in jenem Jahr um ihr nacktes Überleben kämpften. 1637 wütete aufgrund schlechter Ernten eine Hungerkrise. Das war der Anfang vom Ende für den König.

In Irland wiederholte sich das im Oktober 1641, als sich die Katholiken nach drei Missernten gegen den König und die Protestanten erhoben. Vielleicht hätte es nur eine kleine Revolte mit einigen Toten gegeben, aber 1641 war ein Rekordwinter mit extrem niedrigen Temperaturen. Dieser Höhepunkt der sogenannten Kleinen Eiszeit fiel zusammen mit dem Aufstand der Katholiken. Man kann sagen, dass das Zufall ist – oder ebendas Zusammenwirken von Klima und menschlichem Handeln.

Dieser Aufstand vom Oktober 1641 hat einen Konflikt losgetreten, der bis ins 21. Jahrhundert hineinwirkt und bei dem Hunderttausende Protestanten und Katholiken getötet wurden.

Mit welchen Klimadaten würden Sie die Französische Revolution entzaubern?

In den Jahren 1788, 1789 und 1790 gab es den schlimmsten El Niño seit 5.000 Jahren. Wir wissen das, weil der Paläoklimatologe Lonnie Thompson in Polareis und Gletschern nach Auswirkungen dieses Wetterphänomens gesucht hat. El Niño, die anormale Strömung im Pazifik, verändert das globale Klima enorm. Die Revolution in Frankreich begann am 14. Juli – genau dann hätte die Ernte beginnen müssen. Doch jeder sah, dass diese Ernte eine Katastrophe würde. Es war zuerst einmal eine Brotrevolte – wie auch die Russische Revolution 1917.

Müssen wir die Geschichte deshalb wirklich neu schreiben?

In Gesellschaften, die zu 100 Prozent von Landwirtschaft abhängen und in denen neun von zehn Mitgliedern Kleinbauern sind, kann man diese Einflüsse gar nicht ignorieren. Deshalb muss jede Geschichtsschreibung, die diese klimatische Dimension nicht berücksichtigt, neu betrachtet werden. Das ist vergleichbar mit der Genderforschung: Bisher wurde Geschichte nur aus Sicht von Männern geschrieben. Nun sind wir dabei, das zu korrigieren und auch die Geschichte der Frauen zu schreiben. Genauso ist das mit dem Klima.

Wie lässt sich Klimahistorie erforschen?

Es gibt zwei Möglichkeiten: die menschlichen und die natürlichen Archive. Wir können Klima und Wetter anhand von Aufzeichnungen rekonstruieren, beispielsweise Tagebüchern. Dort steht dann: »Es hat wieder neun Monate lang nicht geregnet.« Oder: »Es gab einen schrecklichen Hagelschauer, der unsere Ernte zerstört hat.«

Seit Kurzem haben wir noch das »natürliche Archiv«: Eisschichten und Baumringe erzählen uns, wie das Wetter war, und das mit ziemlich exakten Datumsangaben. In einer sehr fruchtbaren Vegetationsperiode sind die Baumringe sehr dick, in einer kargen Saison dagegen dünn. Nimmt man die Ergebnisse beider Archive zusammen, hat man eine gute Datenbasis.

Warum haben die Historiker das Klima so lange ignoriert?
Anfang des 20. Jahrhunderts gab es einen Historiker namens Ellsworth Huntington, der diese Art der Geschichtsforschung mit seinem Klimadeterminismus leider diskreditiert hat. Er proklamierte, dass Klima und Wetter die alleinigen Gründe für historische Bewegungen seien. Das war nicht zu Ende gedacht. Außerdem hatte man lange Zeit nur die menschlichen Aufzeichnungen, um klimatische Ereignisse nachzuvollziehen. Heute können wir jedoch auch die natürlichen Quellen lesen und interpretieren.

Im Dezember 2015 haben 195 Staaten in Paris anerkannt, dass die Welt vom menschengemachten Klimawandel bedroht ist. Was können wir dafür aus der Klimageschichte lernen?
Man sollte auf die Historiker hören. Sie können sagen, was in der Vergangenheit schon einmal geschehen ist, welche Parallelen es gibt und welche Folgen die Krisen hatten. Die Vergangenheit zu ignorieren heißt zu riskieren, sie zu wiederholen.

Die wichtigste Lehre aus dem 17. Jahrhundert ist, dass Politiker nichts unternehmen sollten, was die Krise noch vertieft. Regierungen müssen alles dafür tun, die Probleme zu entschärfen. Sie müssen vorsorgen – das ist ihr Job.

Leider passiert derzeit oft das Gegenteil: Nach dem Hurrikan »Sandy« hat die US-Regierung so gut wie nichts unternommen, um so einen Sturm ein mögliches zweites Mal besser zu überstehen. Wir haben es mit immer heftigeren Extremwettern zu tun, aber wir schützen uns nicht genügend. Das ist fahrlässig.

Was Nationalisten und Klimaleugner verbindet*
Ein Fazit

An einem verregneten Sonntag steigt im brandenburgischen Kremmen um drei Uhr nachmittags Udo Heunemann auf ein kleines Holzpodest, das mit roter Jute ummantelt ist. Unter einem Dach von Regenschirmen schauen ihn 30 Zuschauer erwartungsvoll an. Mit »Liebe Naturfreunde« eröffnet der Mitfünfziger seine Ansprache, die sich schnell zu einer politischen Hassrede wandelt: Es sei unnötig, »irgendwelches Klima zu retten«, eine mit »gigantischen Geldmengen ausgestattete Lobby« stecke hinter der Energiewende, und deren Helfershelfer seien »sogenannte Qualitätsmedien«. Einige Zuschauer nicken. Das Land sei durch Windkraftanlagen verspargelt, poltert Heunemann, der Strompreis zu hoch. Applaus bekommt er aber an anderer Stelle: »Die Brandenburger sind die ›Energieneger‹ Deutschlands«, platzt es aus dem Redner heraus.

Eigentlich protestieren die Bürger in Kremmen gegen vermeintlichen Wildwuchs von Windkraftanlagen in ihrer Region, vor allem in schützenswerten Wäldern. Eigentlich. Poli-

* Die ursprüngliche Fassung dieses Artikels erschien am 10. September 2017 in der *Süddeutschen Zeitung.*

tiklaien wie Heunemann geht es aber schon lange nicht mehr nur um Windkraft. Der Gemeindevertreter zieht gegen das »gesamte System« der Energiewende zu Felde. Und in Kremmen bekommt er dafür Beifall. Für die Bundestagswahl empfiehlt er die Alternative für Deutschland (AfD) oder vielleicht auch die FDP. Die Einzigen, die »wirklich etwas gegen die große Lüge Energiewende unternehmen«.

Naturschützer, die AfD wählen? Die Haltung ist keine Ausnahme: Laut einer Studie des Potsdamer Instituts für Klimafolgenforschung (PIK) würden 44 Prozent der Energiewendegegner AfD wählen. Bei Windkraftgegnern liegt der Anteil bei 23 Prozent. »Viele kommen über die Ablehnung der Windkraft zur Energiewendekritik und dann zur Negierung des menschengemachten Klimawandels«, sagt Studienautorin Eva Eichenauer vom PIK. »Wenn aber aus verständlicher Sorge ums eigene Dorf blinder Wissenschaftshass wird, dann gibt es nicht mehr so viele Parteien, die das mittragen.« Auf Bundesebene hält allein die AfD wissenschaftliche Erkenntnisse über den Klimawandel für »nicht gesichert«. Kohlenstoffdioxid (CO_2) sei »kein Schadstoff, sondern eine unverzichtbare Voraussetzung für alles Leben«, heißt es im Wahlprogramm.

Die Umweltsoziologin Eva Eichenauer beobachtet das mit Sorge: »Es gibt in manchen Teilen der Bevölkerung einen massiven Vertrauensverlust in Bezug auf die Wissenschaft, obwohl auch diese Menschen von Wissenschaft profitieren.« Sie reist seit Monaten durch Deutschland, hat mit Energiewendegegnern auf Marktplätzen diskutiert und saß in Dorfversammlungen, um sich flammende Reden von Klimaleugnern und empörten Hausbesitzern anzuhören. Dabei arbeitet sie für den

»Feind«. Das PIK ist eines der weltweit renommiertesten Institute für Klimaforschung. Nicht immer war die 33-Jährige willkommen, oft lief ihr bei den Reden ein Schauer über den Rücken. »Viele Bürger sind aus Naturschutzgründen mit der lokalen Planung nicht einverstanden, und nicht wenige werden von der emotionalen Rhetorik einiger Rechtspopulisten und Klimaleugner regelrecht eingefangen«, beobachtet die Forscherin.

Im Juni kündigte die AfD eine gemeinsame Pressekonferenz mit dem Europäischen Institut für Klima und Energie (EIKE) an, das seit Jahren gegen Klimaschutz lobbyiert. Bisher waren die Verbindungen zwischen den Klimaleugnern und AfD durch personelle Überschneidungen aufgefallen. Prominentestes Beispiel ist Michael Limburg, Vizepräsident von EIKE, der nach eigenen Aussagen die AfD »energiepolitisch beraten« hat. Mitglieder von EIKE wiederum tauchen auch bei Veranstaltungen von Windkraftgegnern auf, werden als Gastredner eingeladen oder dürfen Beiträge auf ihren Plattformen veröffentlichen. Und noch etwas haben Energiewendegegner und AfD gemeinsam: Sie sind keineswegs gegen den Naturschutz – im Gegenteil: Die AfD will eine »gesunde und artenreiche Umwelt, die die Lebensgrundlage für alle Menschen und zukünftige Generationen darstellt«.

Das widerspricht nur auf den ersten Blick ihrer Ablehnung von Energiewende und Klimaschutz, so Nils Franke. »Die um 1880 entstandene Naturschutzbewegung war eine konservative, teilweise reaktionäre Bewegung gegen die Industrialisierung und eng mit dem Begriff des Heimatschutzes verbunden«, erläutert der Umwelthistoriker der Universität Leipzig. Auch nationalistische Tendenzen gehörten einst zum Naturschutz. »Im ›Dritten Reich‹ erreichte die Verschränkung von Naturschutz und rechter Ideologie ihren Höhepunkt: Das erste Naturschutzgesetz, das in einem Nationalstaat differenziert den Naturschutz regelte, war das von Hermann Göring initiierte Reichsnaturschutzgesetz von 1935.«

Ganz anders verhält es sich mit dem Umweltschutz, zu dem der Klimaschutz gezählt wird: »Dieses Anliegen wurde in der Linken geboren – bei den Hippies und den Grünen –, mit ihren Ideen und ihrem Auftreten waren und sind sie der Rechten verhasst«, weiß die Rechtsextremismusexpertin Beate Küpper von der Hochschule Niederrhein. Während die Umweltbewegung auf das große Ganze schaue, fehlten rechten Naturschützern »die globale Perspektive« und Verständnis für »Komplexität«. »Der Rechtspopulist sucht sein Heil im Einfachen und überschaubaren Nationalen: Er verspricht, den Kleinbürger vor dem Eindringen des Komplexen, des Fremden, des Neuen und Unübersichtlichen zu schützen und zugleich seine Privilegien zu verteidigen«, so Küpper. Die AfD biete ihren potenziellen Wählern genau diese Mischung an und kommt damit ihren Einstellungen entgegen.

Szenenwechsel: Baden-Württemberg im April 2015. Der einstige Mitbegründer des Bundes für Umwelt und Naturschutz (BUND) ist vom Verein Mensch und Natur geladen und tritt vor Gleichgesinnten ans Podium: »Ich bin entsetzt über die, die uns regieren, die schlimmsten sind aber die Grünen.« Zustimmendes Murmeln im Publikum. In seiner Rede teilt der adlige Waldbesitzer und Vater des Ex-Verteidigungsministers Karl-Theodor zu Guttenberg aus: »Kann denn Ökostrom tatsächlich über gerodete Wälder, über Vogel- und Fledermausmord und über die Zerstörung ganzer ökologischer Kreisläufe gewonnen werden?«

Für den Umwelthistoriker Franke ein typisches Beispiel für den Konflikt zwischen Umwelt- und Naturschutz. Denn Enoch zu Guttenberg trat 2012 öffentlichkeitswirksam aus dem BUND aus, der die Energiewende befürwortet. Der Waldbesitzer wehrt sich seit Jahren gegen die Windkraft, weil dadurch ganze Landschaften zerstört und Tiere getötet würden. »Die gegenseitige Abneigung von Umwelt- und Naturschützern ist groß und geht tief – mit der Energiewende brechen diese Unterschiede wieder auf«, sagt Beate Küpper.

Zurück im brandenburgischen Kremmen: Udo Heunemann ist nicht nur Naturschützer und Windkraftgegner, sondern auch bei den Freien Wählern aktiv. Auf deren Seite finden sich ausführliche Berichte über »hochaktuelle wissenschaftliche Vorträge, [...] die einige der gängigen Theorien in Frage stellen«. Parallel zur Weltklimakonferenz in Marrakesch im November 2016 besuchten die Freien Wähler eine Konferenz der Klimaskeptiker, organisiert von EIKE. Eigentlich seien die Freien Wähler gar nicht rechts. Die »Energieneger« sind Heunemann eben so herausgerutscht, sagte, er darauf angesprochen.

Doch die Mixtur aus Energiewendehass und nationalistischem Gebaren gibt es auch bei der CDU: Der Berliner Kreis in der Union sorgte für Aufsehen, als er den menschengemachten Treibhauseffekt in Zweifel zog und sich gegen die Förderung von Solar- und Windkraft aussprach. Für Rechtsextremismusexpertin Beate Küpper kein Zufall: »Der gleiche Kreis machte bisher auch Front gegen die Flüchtlingspolitik der Kanzlerin und jüngst auch gegen die gleichgeschlechtliche Ehe und fiel mit Positionen zulasten von praktizierenden Muslimen und Initiativen zur inneren Sicherheit auf.«

Auch Ulrich Müller von Lobbycontrol verortet die Klimaschutzskeptiker im rechten Spektrum: »In der Gegnerschaft gegen den Klimaschutz überschneiden sich Marktradikale, Rechtspopulisten und Vertreter der fossilen Lobbys«, sagt Müller. Das gelte auch außerhalb Deutschlands, besonders in den USA: So hätten Vertreter des rechten Trump-Flügels auf den Ausstieg aus dem Pariser Klimaabkommen hingearbeitet. Zugleich sei dies von Marktradikalen wie den Koch-Brüdern Charles und David unterstützt worden. »Die Koch Industries haben ein starkes Standbein in der Ölindustrie, und der politische Arm des Koch-Netzwerks, die Organisation Americans for Prosperity, unterstützte etwa einen Aufruf gegen das Klimaabkommen«, erklärt Müller.

Im Gegensatz zu den USA seien die Verbindungen hierzulande weniger offensichtlich, da die Datenlage laut Lobbycontrol-Analyst Müller nicht ausreichend sei. Beate Küpper vermutet, dass einige AfD-Landesverbände die Nähe zu lokalen Bürgerinitiativen suchten und sich die alte Feindschaft zwischen Natur- und Umweltschutz zunutze machten. »Der Schutz von Vögeln und Fledermäusen wird gegen Windkrafträder in Stellung gebracht, im Wahlprogramm wird an der Atomenergie festgehalten.« Am Zulauf zu rechten Parteien seien auch die Versäumnisse lokaler Politik schuld, glaubt Eva Eichenauer vom PIK. »Man muss die Menschen vor Ort besser einbeziehen, damit sie nicht das Gefühl haben, dass man über ihre Köpfe hinwegregiert.«

Nachwort
Eine Herausforderung für uns alle

Was bleibt von dieser Reise durch die unterschiedlichsten Länder? Zunächst, dass der menschengemachte (anthropogene) Klimawandel in Form der Erderwärmung eine Realität ist und bereits viele Menschen in ihrer Existenz bedroht; dass gerade die Menschen ganz besonders unter dem Klimawandel leiden, die nicht zu den Hauptverursachern der Erderwärmung zählen; dass die Hauptverursacher des Klimawandels in der industrialisierten Welt leben und bisher kaum unter ihm leiden; dass der Klimawandel auch in Europa und Nordamerika stattfindet, man dort Zeichen wie den Anstieg der Temperaturen oder des Meeresspiegels aber entweder ignoriert oder einfach leugnet. Es bleibt das Unverständnis, dass die Menschen unfähig sind, dem Klimawandel wirksam zu begegnen. Denn die Erderwärmung werden nur alle Länder gemeinsam auf ein »ungefährliches« Maß begrenzen können, wie es schon dem Sinne nach in der Klimarahmenkonvention der Vereinten Nationen von Rio de Janeiro aus dem Jahr 1992 festgeschrieben steht.

Im Prinzip sagt das Klimaabkommen von Paris aus dem Jahr 2015, in dem sich die Staatengemeinschaft darauf verständigt hat, die Erderwärmung auf »deutlich unter 2 °C« zu begrenzen, nichts anderes. Bei genauerer Betrachtung ist das Abkommen von Paris dennoch eine Bankrotterklärung in Sachen internationaler Klimaschutz: Es ist gespickt mit unkonkreten Ankündigungen. Der Vertrag ist eine Absichtserklärung, nicht mehr und nicht weniger. Mehr noch, die Unterzeichnerländer versprechen etwas und werden es aller Vorausicht nach nicht einhalten. Dafür sprechen die bisher vorgelegten nationalen Klimaschutzziele, die wenig ambitioniert sind. Bliebe es bei diesen nationalen Zielen, würde sich die Erde bis zum Ende des Jahrhunderts im Mittel um etwa 3 °C erwärmen. Die Folgen wären unkalkulierbar. Deutschland macht hier keine Ausnahme: Spielte das Thema Klimaschutz schon im letzten Bundestagswahlkampf keine Rolle, so ist es auch kein Thema, das im Koalitionsvertrag zwischen den Unionsparteien und den Sozialdemokraten einen besonderen Stellenwert einnehmen würde.

So ein Verhalten ist nicht nachvollziehbar. Auf der einen Seite gehören den Erneuerbaren Energien die Zukunft, denn sie werden ein wesentlicher Bestandteil der nächsten industriellen Revolution ein. Auf der anderen Seite besitzt Deutschland wie die anderen Industrieländer auch eine historische Verantwortung. Nehmen wir beispielsweise das für die menschliche Klimabeeinflussung wichtigste Treibhausgas Kohlendioxid (CO_2): Das Gas besitzt eine sehr lange Verweildauer in der Atmosphäre von etwa einem Jahrhundert. Für die Erderwärmung sind deswegen nicht die aktuellen CO_2-Emissionen relevant, sondern die kumulativen CO_2-Emissionen, also jene, die sich über viele Jahrzehnte aufsummiert haben. Denkt man diese Rechnung zu Ende, entfält ungefähr ein Viertel des sich seit Beginn der Industrialisierung in der Luft angesammelten CO_2 auf die USA, ein weiteres Viertel auf Europa. Wenn es so etwas wie eine historische Verantwortung in der internationalen Politik gibt, dann obliegt es also den Industrieländern, couragiert beim Klimaschutz voranzugehen. Und das gilt gerade auch für Deutschland, das immer noch zu den zehn größten CO_2-Verursachern der Welt zählt.

Wir leben inzwischen in postfaktischen Zeiten, ob man diesen Begriff nun mag oder nicht. Populisten scheinen die Welt zu erobern. In so einem Umfeld hat es die Wissenschaft immer schwerer, Fakten in die Öffentlichkeit zu kommunizieren, weil es über das Internet sehr einfach geworden ist, falsche Behauptungen zu verbreiten, die auch viele Anhänger finden. Das Ergebnis sehen wir den USA in Form von Präsident Donald Trump, der steif und fest behauptet, der anthropogene Klimawandel sei eine Erfindung der Chinesen, um den Amerikanern zu schaden. Donald Trump hat während seiner Amtszeit bereits viele Spitzenpositionen in Wissenschafts- und Umweltbehörden mit Gleichgesinnten besetzt.

Auch bei uns in Deutschland sind die Populisten und ihre abstrusen Ansichten auf dem Vormarsch. Ich kann nur sagen: »Wehret den Anfängen!« Beim Klimawandel fängt es an, bei der Abschaffung der Freiheit hört es auf. Papst Franziskus hat in seiner Umweltenzyklika aus dem Jahr 2015 geschrieben, dass man auf die heute besten zugänglichen wissenschaftlichen Ergebnisse hören solle, um sich davon zutiefst anrühren zu lassen. Die Wissenschaft sei das bevorzugte Instrument, über das wir die Schreie der Erde hören können. Das ist die richtige Antwort auf den um sich greifenden Populismus.

Trotz alledem habe ich die Hoffnung nicht aufgegeben, dass die Menschen den Weg in die Nachhaltigkeit finden werden. Es gibt viele Mut machende Beispiele, bei uns in Deutschland und überall auf der Welt. So erzählt dieses Buch von Solarmoscheen in Marokko – was für eine tolle Idee, die Religion mit der Energiewende und mit einer dezentralen Energieversorgung zu verbinden! Nur wenn die Menschen es wirklich wollen, werden sie die großen anstehenden Herausforderungen bewältigen können. Es kommt auf jede(n) an. Beispiele aus der jüngeren Vergangenheit belegen dies: Wäre die deutsche Wiedervereinigung gekommen, wenn die Menschen in Ostdeutschland sich nicht dafür eingesetzt hätten? Hätte es ohne die Antiatomkraftbewegung den Atomausstieg gegeben? Nein, natürlich nicht. Insofern sehe ich dieses Buch auch als Aufruf, die Dinge nicht einfach geschehen zu lassen. Wir alle tragen eine Mitverantwortung.

Prof. Dr. Mojib Latif

Quellen der Infokästen

Klimapläne der Länder im Weltklimaabkommen

www4.unfccc.int/submissions/INDC/Submission%20Pages/
submissions.aspx

Ratifizierung Paris-Abkommen

treaties.un.org/Pages/ViewDetails.aspx?src=TREATY&mtdsg_no=
XXVII-7-d&chapter=27&clang=_en

Bevölkerungsentwicklung

de.wikipedia.org/wiki/Liste_von_Staaten_und_Territorien_nach_
Bev%C3%B6lkerungsentwicklung

Pkw pro Einwohner

www.oica.net/category/vehicles-in-use/

CO_2-Emissionen

de.wikipedia.org/wiki/Liste_der_L%C3%A4nder_nach_CO2-Emission

Energiedaten Benin/Uganda/Marokko

www.unenvironment.org/regions/africa

Energiedaten EU

ec.europa.eu/commission/publications/energy-union-factsheets-
eu-countries_en

Energiedaten Deutschland

Erneuerbare Energien in Deutschland. Daten zur Entwicklung im Jahr 2017, UBA, März 2018.
www.umweltbundesamt.de/sites/default/files/medien/376/publikationen/180315_uba_hg_eeinzahlen_2018_bf.pdf

Energiedaten: Gesamtausgabe, Bundeswirtschaftsministerium, Januar 2018.
www.bmwi.de/Redaktion/DE/Downloads/Energiedaten/energiedaten-gesamt-pdf-grafiken.html

BEE: www.bee-ev.de/fileadmin/Publikationen/Infografiken/
BEE_Trend-Prognose_und_BEE-Zielszenario_2020_Grafiken.pdf

Energiedaten USA

www.eia.gov/energyexplained/?page=us_energy_home

Energiedaen Westbank und Gaza

Worldbank: data.worldbank.org/country/west-bank-and-gaza?view=chart

Palestinian Central Bureau of Statistics: www.unece.org/fileadmin/DAM/energy/se/pp/eneff/7th_IFESD_Baku_Oct.2016/GTF/Shahen_Palestine.pdf

www.multpl.com/west-bank-and-gaza-co2-emissions-per-capita

www4.unfccc.int/ndcregistry/PublishedDocuments/State%20of%20Palestine%20First/State%20of%20Palestine%20First%20NDC.pdf

www.ecomena.org/renewables-palestine/

Energiedaten Israel

OECD-Country-Brief: Fossil Fuel Support Country Note, OECD, September 2016

Central Bureau of Statistics: www.cbs.gov.il/publications/energy04/pdf/e_print.pdf

Bildquellenverzeichnis

M. Axelsson/Azote   *Seite 180*

Freevectormaps.com   *Seite 19, 29, 41, 57, 67, 73, 83, 91, 99, 107, 115, 129, 141, 153, 161*

Bettina Götze   *Seite 82*

Susanne Götze   *Seite 18, 20, 23, 28, 30, 33, 37, 40, 43, 45, 56, 59, 62, 70, 75, 79, 85, 88, 98, 101, 104, 106, 109, 110, 114, 119, 135, 137, 145, 155, 157, 160, 165, 204*

KNAW/Flickr   *Seite 93*

Geoffrey Parker   *Seite 185*

PIK/Batier   *Seite 172*

Shutterstock.com   *Seite 66 (Charlotte Raboff), 73 (gumbao), 90 (Denovyi), 128 (Jillian Cain Photography), 131 (Chuck Wagner), 140 (Keri Delaney), 152 (Nickolay Vinokurov)*

Über die Autorin

Susanne Götze ist promovierte Historikerin und passionierte Journalistin. Sie schreibt u. a. für die *Frankfurter Rundschau*, *zeitonline* und die *SZ* und arbeitet als Radiojournalistin u. a. für den Deutschlandfunk. Seit zehn Jahren ist sie in Afrika, den USA und Europa dem Menschenzeitalter (Anthropozän) auf der Spur und erkundet die stillen Entwicklungen ebenso wie die großen Aufreger einer Zivilisation, die an ihre ökologischen Grenzen geraten ist.

Nachhaltigkeit bei oekom:
Wir unternehmen was!

Die Publikationen des oekom verlags ermutigen zu nachhaltigerem Handeln – glaubwürdig und konsequent. Auch als Unternehmen sind wir Vorreiter: Ein umweltbewusster Büroalltag sowie umweltschonende Geschäftsreisen sind für uns ebenso selbstverständlich wie eine nachhaltige Ausstattung und Produktion unserer Publikationen.

Für den Druck unserer Bücher und Zeitschriften verwenden wir fast ausschließlich Recyclingpapiere, überwiegend mit dem Blauen Engel zertifiziert, und drucken wann immer möglich mineralölfrei und lösungsmittelreduziert. Unsere Druckereien und Dienstleister wählen wir im Hinblick auf ihr Umweltmanagement und möglichst kurze Transportwege aus. Dadurch liegen unsere CO_2-Emissionen um 25 Prozent unter denen vergleichbar großer Verlage. Unvermeidbare Emissionen kompensieren wir zudem durch Investitionen in ein Gold-Standard-Projekt zum Schutz des Klimas und zur Förderung der Artenvielfalt.

Als Ideengeber beteiligt sich oekom an zahlreichen Projekten, um in der Branche und darüber hinaus einen hohen ökologischen Standard zu verankern. Über unser Nachhaltigkeitsengagement berichten wir ausführlich im Deutschen Nachhaltigkeitskodex (www.deutscher-nachhaltigkeitskodex.de).

Schritt für Schritt folgen wir so den Ideen unserer Publikationen – für eine nachhaltigere Zukunft.

Jacob Radloff
Verleger

Dr. Christoph Hirsch
Leitung Buch